Le mariage
et les régimes matrimoniaux
en droit congolais

Hygin Didace Amboulou

Le mariage et les régimes matrimoniaux en droit congolais

1re édition

L'Harmattan

Du même auteur

Le notariat congolais de 1960 à nos jours,
éd. Hemar, Brazzaville-Bruxelles, 2005

L'Administration du territoire et les collectivités locales en République du Congo, éd. L'Harmattan et Hemar, Brazzaville-Paris, 2007

Le notaire et le service public, L'Harmattan, Brazzaville-Paris, 2008

La légalisation et l'authentification des Actes,
éd. Hemar, Brazzaville-Bruxelles, 2009

Les libéralités et les successions en droit congolais,
éd. L'Harmattan, Brazzaville-Paris, 2009

Le droit des collectivités locales au Congo,
éd. L'Harmattan, Brazzaville-Paris, 2010

La cause et l'objet des obligations civiles,
éd. Hemar, Brazzaville-Bruxelles, 2010

Nostalgite (Roman), éd. L'Harmattan, Brazzaville-Paris, 2010

Le divorce et la séparation de corps en droit congolais,
éd. L'Harmattan, Brazzaville-Paris, 2011

Traité congolais de droit pénal et procédure pénale,
éd. L'Harmattan, Brazzaville-Paris, 2012

Traité congolais de procédure civile, commerciale, administrative, financière et des voies d'exécution, éd. L'Harmattan, Brazzaville-Paris, 2012

Pratique et déontologie notariales en droit positif,
éd. L'Harmattan, Brazzaville-Paris, 2012

Histoire des institutions judiciaires congolaises de 1910 à nos jours,
éd. L'Harmattan, Brazzaville-Paris, 2012

Les personnes, les incapacités et la filiation en droit congolais,
éd. L'Harmattan, Brazzaville-Paris, 2013

Traité congolais de droit du travail et de la sécurité sociale,
éd. L'Harmattan, Brazzaville-Paris, 2013

Les trésors de Ndenda (Poésie), éd. L'Harmattan, 2013

L'odyssée de l'amour (Poésie), éd. L'Harmattan, 2013

5-7, rue de l'Ecole-Polytechnique, 75005 Paris

http://www.harmattan.fr
diffusion.harmattan@wanadoo.fr

ISBN : 978-2-343-03016-6
EAN : 9782343030166

AVANT-PROPOS

Les règles du Code de la famille relatives au droit du mariage et les régimes matrimoniaux sont d'une importance capitale, et leurs répercussions sur la vie de tous les congolais mariés sont considérables. C'est avec plaisir que nous mettons à la portée des chercheurs, des professionnels, des étudiants et du grand public cette première édition, qui parait 30 ans après la promulgation de la loi du 17 octobre 1984, dans le but d'en faire le bilan et de présenter quelques réflexions sur les pistes de la réforme tant souhaitée.

L'on sait qu'avant le Code de la famille, les congolais vivaient, dans le domaine des régimes matrimoniaux et des contrats de mariage sous l'empire des dispositions du Code civil français de 1804.

a)- au sortir des indépendances en 1960, la fortune des congolais était essentiellement immobilière, et le Code civil s'était préoccupé du sort des immeubles. Or l'évolution des sociétés modernes a été marquée par la multiplication des formes mobilières de la propriété, valeurs mobilières, fonds de commerce, actions donnant droit à la jouissance et à l'attribution d'appartements, etc...

b)- d'autre part, les coutumes et les traditions rigoureuses avaient fait de la femme mariée, juridiquement une véritable incapable et était pratiquement sous la dépendance et la domination du mari.

c)- bien que le Code civil, alors applicable, avait essayé de remédier à cet état de choses ; par les lois françaises de 1938 et 1942, la femme avait été reconnue capable, mais comme on n'avait pas procédé parallèlement à la refonte des régimes matrimoniaux, notamment du régime légal, cette capacité de pure forme se heurtait constamment aussi bien aux pouvoirs du mari qu'aux habitudes du monde des affaires et de la pratique notariale peu connue.

Cette situation était d'autant plus choquante qu'on devrait lui conquérir progressivement une égalité totale avec l'homme dans bien des domaines, et notamment l'égalité devant l'enseignement, l'égalité électorale, l'égalité dans l'accès à la plupart des professions.

d)- c'était seulement dans le domaine du droit privé que cette égalité n'était pas entièrement réalisée, car la femme pouvait être, avant le Code de la famille, considérée dans tous les domaines l'égal de l'homme, tant qu'elle était célibataire. Mais, du fait même de son mariage, elle devenait une incapable.

La loi du 17 octobre 1984 va faire d'elle une partenaire à part entière dans la vie conjugale, en l'émancipant sur le plan du droit privé. Cette loi se caractérise par les grandes dispositions suivantes :

— en ce qui concerne les droits et les devoirs réciproques des époux, les règles du Code de la famille tirent les conséquences de la capacité de la femme mariée en ce qui concerne notamment l'exercice d'une profession séparée, les comptes en banque, les présomptions de propriété, les situations de crise matrimoniale et la protection du logement de la famille ;

— en ce qui concerne le choix du régime matrimonial, ces règles organisent trois régimes matrimoniaux (la communauté réduite aux acquêts, la séparation des biens, la communauté conventionnelle). Le régime de droit commun étant celui de la communauté réduite aux acquêts. Dans les conditions et les formes légales, ces régimes restreignent considérablement les pouvoirs du mari, tout en laissant la femme gérer seule sa fortune personnelle ;

— en ce qui concerne les possibilités offertes aux époux, ces règles leur permettent de modifier et changer le leur si l'intérêt de la famille le demande ;

— en ce qui concerne la capacité de la femme mariée, dans la plupart des cas elle peut agir seule, sans l'autorisation ou l'habilitation de son mari.

Cette grande souplesse du droit des régimes matrimoniaux, son souci de tenir compte de la réalité des situations et de leur évolution souvent imprévisible facilitent la vie du ménage.

Emboli, le 27-01-2014

PRÉSENTATION GÉNÉRALE

Du fait même du mariage et quelle que soit leur fortune, il va s'établir entre les époux des relations d'ordre pécuniaire et une association d'intérêts. C'est le *contrat de mariage* qui va régler les statuts de cette association, non seulement pour le présent, mais surtout pour l'avenir, en déterminant les pouvoirs respectifs des époux sur leur patrimoine et la manière dont se liquidera éventuellement le régime matrimonial.

Le législateur congolais de 1984 a laissé aux époux la plus grande liberté dans le choix de leur régime, et ils peuvent, dans la mesure où ils respectent quelques grands principes, combiner librement les différentes clauses que leurs offrent aussi bien la loi que la pratique notariale pour répondre très exactement à leur situation précise.

Le contrat de mariage, jusqu'à la loi actuelle, ne pouvait subir aucune modification, même partielle, après la célébration du mariage. C'est un des points essentiels du Code de la famille que de permettre aux époux, dans certaines conditions et sous contrôle des tribunaux, de le modifier ou même d'en choisir un autre complètement nouveau. Il n'en reste pas moins que le contrat, qui non seulement sauvegardera les intérêts respectifs des époux, mais encore ceux de la famille contre les tiers, devra être choisi avec soin.

Mais tous les époux ne prennent pas la précaution de faire un contrat de mariage. Le législateur, dans ce cas-là, va leur imposer un régime matrimonial qui s'appelle la communauté légale. Avant le Code de 1984, cette communauté, très largement comprise, était dite de meubles et d'acquêts. Depuis la réforme, la communauté légale est la communauté réduite aux acquêts.[1]

Le régime matrimonial primaire. Que les époux aient fait ou non un contrat de mariage, un certain nombre de règles vont impérativement s'imposer à eux et former une espèce de régime matrimonial primaire, sous-jacent à tout régime légal ou conventionnel.

---

[1] H. D. Amboulou, Pratique et déontologie notariales en droit positif, L'Harmattan, 2012

Ces dispositions impératives sont extrêmement importantes. C'est ainsi que :

— bien que le mari soit le chef de la famille, il va avoir besoin du consentement de sa femme pour disposer des droits par lesquels est assuré le logement de la famille ;

— les époux supportent les charges du mariage en proportion de leur facultés respectives ;

— la femme va pouvoir jouir de sa pleine capacité juridique. Pour lui en faciliter l'exercice, le législateur a prévu en sa faveur un certain nombre de dispositions spéciales concernant notamment les comptes en banque et les présomptions de pouvoir vis-à-vis des tiers ;

— la femme peut passer seule tous les contrats qui ont pour objet l'entretien du ménage ou l'éducation des enfants, et, ce faisant, elle oblige solidairement son mari (sauf, nous le verrons, dans le cas des achats à tempérament qui n'auraient pas été passés avec le consentement de celui-ci, et de dépenses manifestement excessives) ;

— la femme peut librement choisir et exercer la profession de son choix, et ses gains et revenus formeront une catégorie spéciale de biens sous tous les régimes matrimoniaux, dont, en principe, elle disposera librement : ce sont les *biens réservés* ;

— les époux, enfin, par le jeu des mandats, même tacites, peuvent facilement autoriser le conjoint à exercer en leur lieu et place les pouvoirs que la loi leur donne ; ils peuvent aussi, dans des cas bien précis, faire appel à la justice quand il y va de l'intérêt de la famille ;

— disons, pour terminer, que l'hypothèque légale que la loi accordait avant 1955sous l'empire de la loi française, d'une façon libérale et très générale, à la femme sur tous les biens de son mari a de plus en plus perdu sa justification au fur et à mesure qu'on lui donnait la possibilité d'exercer sa capacité en restreignant parallèlement les pouvoirs du mari. Elle n'existe plus maintenant que dans des cas très limités et peut même jouer en faveur du mari.

Les deux grandes catégories de régimes matrimoniaux. On peut classer d'une manière très grossière les régimes matrimoniaux en deux catégories : les régimes de communauté, d'une part, et ceux de séparation d'autre part.

a) tous les régimes de communauté se distinguent en ce qu'ils comportent obligatoirement, à côté des patrimoines propres, une troisième masse de biens qui leur sera commune.

A l'intérieur de cette *masse commune*, on peut encore trouver deux catégories de biens : les *biens communs* proprement dits et les *biens réservés* à la femme, qui forment une catégorie spéciale de biens communs.

La masse commune sera plus ou moins importante :

— dans la communauté universelle elle comprendra tous les biens des époux ;

— dans la communauté réduite aux acquêts, nouveau régime légal, elle sera réduite à sa plus simple expression.

Cette masse commune, propriété des deux conjoints, est normalement partagée entre eux à la dissolution du régime.

b) à l' opposé de cette conception sont les régimes séparatistes, sous lesquels les époux conservent et administrent leur fortune, leurs gains et revenus. Ce sont eux qui répondent le mieux à la conception moderne de l'égalité de l'homme et de la femme.

Les régimes de communauté légale. La communauté légale est, nous l'avons vu, le régime imposé à *tous les époux qui n'ont pas fait de contrat de mariage*.

Mais nous devrons aujourd'hui parler des communautés légales, car nous allons, pendant un certain temps, voir coexister comme cela l'a été sous l'empire de la loi française, l'ancienne communauté ou communauté des meubles et d'acquêts et la nouvelle *communauté légale* ou *communauté réduite aux acquêts* :

a) l'ancienne communauté légale se compose de tous les meubles possédés par les époux au moment du mariage et des meubles et des immeubles acquis à titre onéreux par la suite. Restent donc propres aux époux uniquement les immeubles possédés avant le mariage ou acquis pendant le mariage à titre gratuit.

En raison des grands pouvoirs laissés au mari, *maître et seigneur* de la communauté, ce régime était reconnu comme pouvant être extrêmement dangereux pour la femme. C'est pourquoi le Code de 1984 l'a modifié de la façon suivante :

b) la nouvelle communauté légale, elle, ne comprend plus que les acquêts faits pendant le mariage par les époux et provenant des économies réalisées sur leurs gains et salaires ou sur les revenus de leurs biens propres.

La masse commune est donc réduite, puisque en sont exclus tous les meubles possédés avant le mariage (un fonds de commerce, des valeurs mobilières, sont des meubles).

Ensuite, la loi de 1984 ne donne plus au mari que des pouvoirs réduits sur cette masse commune, dont il reste certes l'administrateur, mais un administrateur qui, pour la plupart des actes importants, aura besoin du consentement de son épouse.

c) il faut noter enfin les nouvelles règles de gestion des biens propres : c'était le mari qui, sous l'ancien régime de communauté, administrait le patrimoine de sa femme ; sous le Code de la famille nouveau régime, c'est la femme qui en dispose librement sans aucun droit de regard pour le mari. Les nouvelles règles de gestion des biens communs, réservés et propres sont appliquées, dès l'entrée en vigueur de la loi en 1984, aussi bien au régime de communauté ancien qu'au nouveau régime.

Les régimes conventionnels de communauté. Il existe tout un arsenal de clauses les plus diverses qui permettent aux époux de se construire en quelque sorte un contrat de mariage sur mesure, bien adapté à leur situation. Elles permettent notamment de modifier le partage de moitié de la masse commune en décidant par exemple, d'attribuer au survivant la totalité de celle-ci ; ou bien en l'autorisant à prélever, avant tout partage (en payant ou non une indemnité au conjoint ou à ses héritiers), des biens déterminés.

Ces clauses peuvent régler également l'administration de la communauté et des biens propres et dire, par exemple, que les époux administreront conjointement la communauté ou, au contraire, qu'ils pourront réciproquement et seuls faire tous actes d'administration.

Le régime est *conventionnel* s'il a été choisi par contrat de mariage, *judiciaire* s'il a été décidé ultérieurement par les tribunaux. C'est un régime qui a l'avantage d'une grande simplicité, puisque chacun des époux conserve, en même temps que ses dettes, la propriété et l'administration de ses biens ; la femme dispose juridiquement d'une entière liberté, et financièrement d'une autonomie parfaite. Avant le Code de la famille, c'était le seul régime qui lui permettait le plein exercice de sa capacité. Le danger, c'est l'absence de masse commune : si la femme n'a pas de revenus ou n'exerce aucune profession, elle ne profitera pas à la dissolution de l'accroissement de fortune éventuel de son mari, accroissement qui, bien souvent, aura été rendu possible grâce à ses seules qualités de maitresse de maison.

C'est pour pallier cet inconvénient que le Code de la présente aux époux, et offre aux notaires le modèle d'un nouveau régime appelé régime de participation aux acquêts. Sous ce régime, et pendant le mariage, les époux conservent leur plein et entière autonomie et administrent librement leurs biens ; l'accroissement constaté dans le patrimoine de chacun d'eux, et les époux ont respectivement droit à la moitié de l'augmentation du patrimoine de leur conjoint entre le jour du mariage et le jour de la dissolution. C'est un régime très ingénieux, très séduisant, mais compliqué dans son application pratique.

PREMIÈRE PARTIE

LA CAPACITÉ DE LA FEMME MARIÉE ET SES CONSÉQUENCES

Nous avons placé sous le signe de la capacité de la femme mariée la plupart des dispositions qui s'imposent aux époux du seul fait du mariage, qu'ils aient fait ou non un contrat de mariage, car le point le plus important de la loi de 1984 est la possibilité qu'elle offre à la femme d'exercer pleinement sa capacité. Ces dispositions sont extrêmement importantes et constituent une espèce de régime matrimonial primaire, sous-jacent à tout régime conventionnel et s'imposant impérativement à tous les époux. Et elles auront d'autant plus d'importance que les époux en se mariant n'auront pas de fortune.

CHAPITRE I

CADRE LÉGAL DES RAPPORTS PÉCUNIAIRES ENTRE ÉPOUX ET CHARGES DU MARIAGE

Le législateur de 1984 a déterminé les effets du mariage. Cette « organisation de la famille », qui est d'ordre public, s'impose à tous les époux, quel que soit le régime matrimonial choisi. Elle forme un cadre intangible dans lequel vont s'inscrire les rapports pécuniaires entre époux.

SECTION 1. LES RAPPORTS ENTRE ÉPOUX

1° Le mariage crée des devoirs réciproques : les époux s'obligent mutuellement à une communauté de vie et choisissent d'un commun accord la résidence de la famille[2] ; ils se doivent mutuellement fidélité et assistance.[3] Le devoir d'assistance est interprété d'une façon très générale par la jurisprudence. C'est ainsi qu'il a été jugé qu'une femme séparée de biens avait le droit de demander à son mari une provision *ad litem* pour se défendre contre une action en nullité de mariage.

2° Avant le Code de 1984, la famille avait pour chef le mari. Mais son autorité n'était pas absolue, car la femme devait « concourir avec lui à sa direction morale et matérielle », et, en cas de défaillance de son conjoint, en devenait elle-même le chef. La loi du 17 octobre 1984, qui a remanié l'article 213 du Code civil, n'a fait qu'enregistrer l'évolution de nos mœurs en édictant que « les époux assurent ensemble la direction morale et matérielle de la famille ».[4]

3° Les époux contribuent ensemble aux charges du ménage (c'est une conséquence de leur collaboration dans la direction de la famille) en proportion de leurs facultés personnelles. La femme s'acquitte de ses devoirs de communauté, par prélèvement sur ses revenus personnels si elle exerce une profession séparée, et sur les ressources dont elle conserve l'administration et

---

[2] Art. 171 du Code de la famille
[3] Art. 167 du Code de la famille
[4] Art. 168 du Code de la famille

la jouissance. C'est une question de rapport entre les revenus dont dispose chacun des deux époux.

Mais elle contribue aux charges du ménage, en dehors même de toute fortune ou de toute activité séparée, en tenant sa maison, en s'occupant de ses enfants ou en aidant son mari dans, l'exercice de sa profession, comme c'est bien souvent le cas à la campagne et chez les commerçants. En principe, elle s'acquitte de sa contribution « par son activité au foyer ou sa collaboration à la profession du mari.[5] »

En effet, les charges du ménage incombent à titre principal au mari ; il est obligé de fournir à la femme tout ce qui est nécessaire pour les besoins de la vie selon ses facultés et son état. « La femme s'acquitte de sa contribution en la prélevant sur les ressources dont elle a l'administration et la jouissance par son activité au foyer ou sa collaboration à la profession du mari. »

Ces deux idées avancées dans les travaux préparatoires de la loi ont été supprimées le 11 juin 1984 par l'Assemblée à l'occasion du vote dans un souci égalitariste et pour que soit rayée, dans le Code même, cette qualification quelque peu dévalorisante et secondaire de l'apport de la femme. Mais cela ne signifie nullement que la femme devra travailler et qu'elle n'aura pas contribué aux charges du ménage si elle se contente de tenir sa maison. Il est permis, par contrat de mariage, de fixer la quotité de cette contribution : rien n'interdit, par exemple, de stipuler que le mari assurera les trois quarts des charges du ménage et la femme le quart. C'est surtout sous les régimes de séparation de biens que cette question se pose pratiquement. Mais si, pour une raison quelconque, l'un des époux n'était plus en mesure de fournir sa contribution, l'autre devrait assurer seul l'entretien du ménage, nonobstant toute clause contraire du contrat.

Une simple séparation de fait ne met pas fin à cette contribution aux charges du mariage qui comprennent les dépenses permettant aux époux de mener un train de vie compatible avec leur rang social.

La règle est que les aliments sont déterminés en fonction des besoins de celui qui les reçoit et en proportion de la fortune de celui qui les doit. Une fois fixés par le tribunal, ils sont révisables en cas d'accroissement des ressources du débiteur. Une décision récente de la cour d'appel de Pointe-Noire rappelle cependant qu'il existe une limite maximum à la fixation des aliments : lorsque ceux-ci ont été déterminés à un niveau élevé, les besoins du ménage étant surabondamment satisfaits, ils ont atteint un plafond qui ne saurait être dépassé (toute participation) supplémentaire ne servirait qu'à accroître la fortune personnelle du conjoint bénéficiaire et serait ainsi détournée de son but) ; mais la contribution aux charges du ménage est due, à la différence des aliments proprement dits même si le conjoint n'est pas dans le besoin. Si l'un des époux ne remplit pas ses obligations, son conjoint peut l'y contraindre, soit en demandant une pension alimentaire, soit en utilisant la procédure très

---

[5] Art. 169 du Code de la famille

simple et peu coûteuse prévue devant le juge d'instance, qui peut l'autoriser à saisir-arrêter et à toucher directement une partie des salaires et revenus de son conjoint défaillant.[6]

SECTION 2. LE LOGEMENT DE LA FAMILLE ET SA PROTECTION

a) traditionnellement, le choix de la résidence appartenait au mari, la femme devant habiter avec lui, et lui, devant la recevoir. C'était seulement si cette résidence présentait des dangers d'ordre physique ou moral que la femme pouvait être autorisée à avoir une autre résidence pour elle et ses enfants. Le Code de la famille n'a pas changé cette règle, mais l'article 171 précise : désormais « les époux s'obligent mutuellement à une communauté de vie. La résidence est au lieu qu'ils choisissent d'un commun accord ; faute d'accord, au lieu choisi par le mari ».

Jusqu'ici, c'est simplement une formulation plus moderne de la règle ancienne. Mais la femme pourra être autorisée à avoir une résidence séparée si celle choisie pour la famille « présente des inconvénients graves, même si la loi parle des dangers d'ordre physique et moral.

b) la loi du 17 octobre 1984 aborde la question dans un sens égalitaire en supprimant la prééminence du mari. Désormais, la résidence de la famille est au lieu que les époux « choisissent d'un commun accord ». Aucun d'eux ne peut imposer son choix à l'autre, ce qui signifie qu'à défaut d'accord il y aura séparation de fait ou recours au tribunal qui devra trancher la difficulté ; et de pouvoir obliger les époux à vivre en commun, à tirer les conséquences de leur désaccord. Il faut noter aussi que cette rédaction de l'article 171, n'avait pas été modifiée depuis le Code civil, et qui décidait que, la femme mariée n'a point d'autre domicile que celui de son mari.

Désormais, au contraire, le mari et la femme peuvent avoir un domicile distinct sans qu'il soit pour autant porter atteinte aux règles relatives à la communauté de vie. La résidence séparée des époux au cours de la procédure de divorce ou de séparation de corps entraînera de plein droit domicile distinct.

c) mais le Code de la famille, dans le souci évident de protéger la famille, a introduit dans cet article 171, qui traite du logement, de nouvelles dispositions extrêmement importantes.

Désormais, en effet, « les époux ne pourront l'un sans l'autre disposer des droits par lesquels est assuré le logement de la famille, ni des meubles meublants dont il est garni ». Il conviendra également d'être très prudent dès que l'on voudra acquérir des *meubles meublants* provenant d'un logement familial, car leur aliénation ne sera valable que du consentement des deux époux. Et la présomption que nous verrons plus loin qui veut qu'un époux soit

---

[6] Sur cette décision de la Cour d'appel de Pointe-Noire, Cf. H. D. Amboulou, Le divorce et la séparation de corps en droit congolais, L'Harmattan, 2010

réputé pouvoir faire seul tout acte sur un meuble qu'il détient individuellement a été formellement écartée lorsqu'il s'agit des *meubles meublants* se *trouvant dans le logement familial*. Il appartiendra à la jurisprudence de dégager ce que recouvre l'expression *meubles meublants*. A notre sens, elle ne devrait viser que les meubles nécessaires à la vie courante de la famille (et non pas, par exemple, un tableau de maître).

SECTION 3. LES RAPPORTS ENTRE LES ÉPOUX ET LEURS ENFANTS ÉVENTUELS

1° En se mariant, les époux s'obligent à nourrir, entretenir et élever les enfants qui naîtront de leur union jusqu'à leur majorité (ou au-delà s'ils poursuivent des études) ou leur émancipation. C'est ensemble qu'ils doivent pourvoir aux besoins matériels et moraux de leurs enfants. (Notons cependant qu'aucune obligation légale n'oblige les parents à faciliter l'établissement de leurs enfants ou à les doter.)[7]

2° En contrepartie, les parents ont, pendant la minorité de leurs enfants, un certain nombre de droits : *garde, surveillance...*, dont l'ensemble constitue l'*autorité parentale* qu'ils exercent en commun. La loi du 17 octobre 1984 prévoit que, si un désaccord survient, les parents pourront faire appel au juge qui tentera une conciliation, et, en cas d'échec, tranchera le différend.

3° Enfin, l'administration des biens éventuels des enfants est confiée au père avec le concours de la mère jusqu'à la majorité de ceux-ci ; ils en auront en outre la jouissance tant que l'enfant n'aura pas atteint 16 ans.

---

[7] Art. 178 du Code de la famille

CHAPITRE II

LA CAPACITÉ DE LA FEMME MARIÉE

On peut prétendre que c'est seulement depuis la loi du 17 octobre 1984 qui consacre l'évolution des régimes matrimoniaux que la femme mariée est réellement capable. Jusqu'alors sa capacité restait purement formelle, puisqu'elle se heurtait sans cesse, pour l'exercer, aux pouvoirs du mari aussi bien qu'aux habitudes des affaires et de la pratique notariale. L'article 129 du Code de la famille traite du consentement personnel des époux.[8]

SECTION 1. QU'EST-CE QUE LA CAPACITÉ ?

L'état de femme mariée implique un certain nombre de droits et de devoirs. Le principe posé par la loi française de 1942 est que la femme est capable, c'est-à-dire qu'elle s'acquitte de ses obligations, qu'elle exerce ses droits elle-même. Etre capable, c'est pouvoir exercer seul et en toute liberté, sans autorisation, les droits attachés à un état déterminé. En rendant la femme capable, le législateur voulait dire qu'elle pouvait, par exemple, sans autorisation de son mari, vendre un immeuble lui appartenant, plaidé en justice.

Paragraphe 1. Le Code civil et l'incapacité

Au début du XIXe, siècle, moment de la rédaction du Code civil, la femme jouait dans la société, comme dans la famille, un rôle très effacé : le mari était le véritable « maître et seigneur » du ménage. Rares étaient les femmes capables de traiter des affaires ou possédant des connaissances juridiques. Le Code civil n'a donc fait qu'entériner un état de fait en déclarant la femme incapable. Il investit le mari des plus larges pouvoirs ; la femme disparaît derrière lui. Son mari devait lui donner une autorisation spéciale pour chaque acte qu'elle devait faire ; faute de quoi, elle n'apparaissait guère sur la scène juridique. Enfin, le Code civil avait décidé que tous les époux qui n'avaient

---

[8] Article 129 du Code de la famille

pas fait de contrat de mariage seraient sous le régime de la communauté légale, régime dans lequel les pouvoirs du mari sont les plus étendus.

Paragraphe 2. L'évolution jusqu'en 1942

Cette construction du Code civil, qui correspondait à la conception de la famille, à l'état des mœurs et à la composition des fortunes au début du XIXe Siècle, va bien être battue en brèche, en raison de :

1) L'évolution des mœurs

La femme fait des études, traite des affaires, gagne sa vie, et elle accepte plus difficilement les pouvoirs du mari, car, comme lui, elle vote, comme lui, est médecin, avocat, chef d'entreprise.

2) La composition des fortunes

Essentiellement immobilières au début du 20e siècle, elles tendent de plus en plus à devenir mobilières. Or, si les immeubles, sous le régime de communauté légale, restaient la propriété de chacun des époux, les meubles, par contre, tombaient dans la masse commune. Le mari qui en disposait pouvait très facilement abuser de ses pouvoirs.

C'est pourquoi le législateur français, comme la jurisprudence, ont été amenés à admettre une série d'atténuation au régime du Code civil :

— en 1907, une loi admet le droit de la femme exerçant une profession séparée de toucher le produit de son travail et d'en constituer des biens réservés soumis à son administration ;

— la jurisprudence met sur pied la théorie du mandat tacite, selon laquelle la femme, dans la gestion du ménage, est censée représenter son mari ;

— une série de lois spéciales accordent de nouveaux droits à la femme : droits de se constituer une retraite, de posséder un compte dans une caisse d'épargne.

Paragraphe 3. La loi française de 1942

Toutes ces retouches partielles étaient insuffisantes. Une réforme, depuis longtemps à l'étude, voit le jour en 1938 et 1942. La capacité de la femme mariée est proclamée ; on supprime du Code civil tous les articles où l'autorisation maritale était expressément prévue. Mais la réforme ne modifie pas l'organisation des régimes matrimoniaux qui vont venir restreindre la capacité de la femme mariée : par exemple, sous le régime de la communauté, la femme, bien que capable, n'a pratiquement aucun pouvoir, puisque ce régime matrimonial les attribue tous au mari.

En fait, seul le régime de la séparation de biens permettait à la femme le plein exercice de la capacité reconnue par la loi. La pratique des affaires, elle-même, qui reste encore empreinte de l'idée que la femme est une incapable et qui se méfie d'elle, va très souvent exiger la signature du mari, même pour des actes que la femme est légalement autorisée à passer seule.

SECTION 2. LA RÉFORME DE 1965

Il faut attendre 1965 c'est-à-dire cinq ans seulement après l'indépendance du Congo pour qu'une réforme d'ensemble tire les conséquences de la capacité de la femme et lui donne toute possibilité de l'exercer pleinement. Pour ce faire, il a fallu modifier le régime légal, restreindre considérablement les pouvoirs du mari et assurer ceux que la femme tient de la loi pour lui permettent d'agir de façon autonome et sans entraves de toutes sortes. La capacité de la femme est formellement reconnue par le nouvel article 216, qui dispose : chaque époux à la pleine capacité de droit.

SECTION 3. LES BESOINS DU MÉNAGE ET L'ÉDUCATION DES ENFANTS

Puisque la femme est capable, elle peut agir seule, elle tire ses pouvoirs de sa propre capacité et non pas d'un mandat que son mari lui aurait donné. Ce n'était pas le cas jusqu'à la réforme des régimes matrimoniaux.

Paragraphe 1. Historique : le mandant légal

La jurisprudence française avait construit la théorie du mandat tacite, selon laquelle la femme, pour les besoins courants du ménage, était censée agir en vertu d'un mandat de son mari. Le législateur, en 1942, avait consacré cette solution et avait donné à la femme le pouvoir légal de représenter son mari pour les dépenses usuelles et d'employer à cet effet les fonds qu'il laissait entre ses mains.

1° Le principe de la représentation

20. Pour toutes ces dépenses, le mari se trouvait directement engagé, et il était seul responsable des dettes contractées par sa femme. Dans trois cas, cependant, la femme pouvait être poursuivie personnellement :

— si le créancier avait exigé d'elle un engagement personnel ;

— si le mari était insolvable et qu'elle possédait des ressources personnelles ;

— si elle possédait des biens réservés, elle pouvait être poursuivie, même par les créanciers de son mari, pour une dette contractée par ce dernier dans l'intérêt du ménage.

2° Etendue de la représentation

Le pouvoir légal de représentation jouait uniquement pour les besoins courants du ménage : fournitures, engagements de domestiques... Il n'aurait pu englober des actes en discordance avec la situation apparente des époux et l'activité normale du ménage.

C'est ainsi que l'application de ce principe avait été refusée à une femme mariée ayant passé une promesse de bail sur un immeuble. Les besoins du ménage (le mari était paralysé). Le tribunal avait également refusé de faire jouer le pouvoir de représentation pour un prêt consenti à une femme mariée (prêt de 2 000F, alors que le train de vie de la famille était modeste).

3° Possibilité de suppression

Si la femme se montrait prodige, ou n'utilisait pas son mandat légal dans l'intérêt du ménage, son mari pouvait le lui retirer. Mais pour que ce retrait soit efficace, c'est-à-dire que le mari ne soit plus engagé vis-à-vis des tiers qui auraient contracté avec sa femme, il fallait que ceux-ci aient eu personnellement connaissance de ce retrait.

4° Le compte ménager

Sur sa seule signature, la femme pouvait se faire ouvrir un compte courant pour y déposer et y retirer les fonds mis à la disposition par son mari. C'était un compte spécial qui ne pouvait être alimenté que par des dépôts de fonds ; la femme ne pouvait l'utiliser que pour régler les dépenses du ménage. Tous les fonds qui y étaient déposés étaient présumés remis à la femme par son mari.

Paragraphe 2. Le nouveau principe introduit par le Code de la famille : la notion de solidarité et ses limites

1° Le principe de l'article 174 du Code de la famille

Ce n'est plus en vertu d'un mandat légal de représentation de son mari que la femme va passer les contrats pour l'entretien du ménage et l'éducation des enfants, mais en raison de sa propre capacité, d'un pouvoir autonome. L'article 174 dispose chacun des époux à pouvoir pour passer seul des contrats qui ont pour l'objet l'entretien du ménage et l'éducation des enfants, et il ajoute : toute dette ainsi contractée par l'un oblige l'autre solidairement. La notion de mandat est donc expressément remplacée par celle de solidarité. Il existe maintenant un pouvoir de chacun des époux avec engagement solidaire et automatique de l'autre dès qu'il s'agit de dettes concernant l'entretien du ménage et l'éducation des enfants. Attention ! Une simple séparation de fait ne fait pas cesser ce pouvoir respectif des époux et la solidarité qui en découle.[9]

[9] Cf. H. D. Amboulou, Le divorce et la séparation de corps en droit congolais, L'Harmattan, 2010

2° Les limites de la solidarité

Celle-ci ne jouera plus dès que les dépenses seront manifestement excessives : c'est là une question de fait, et le caractère excessif de la dépense sera apprécié par les juges en tenant compte naturellement du train de vie du ménage, mais aussi de l'utilité et de l'inutilité de l'opération et de la bonne ou de la mauvaise foi du tiers contractant. Dès qu'il s'agira d'un achat d'une certaine importance, les tiers auront intérêt à obtenir l'accord des deux conjoints, sinon l'acte qui restera valable pourra être exécuté seulement contre l'époux qui aura contracté.

3° Les achats à tempérament

Cette question a fait couler beaucoup d'encre, car le texte primitif du projet de loi de 1984 prévoyait que tout achat d'objet destiné au ménage, s'il n'avait pas été consenti par les deux époux, pouvait être purement et simplement annulé à la demande de celui qui n'avait pas donné son consentement à l'acquisition. Cette disposition tendait évidemment à protéger la famille contre les engagements pris à la légère par l'un ou l'autre des époux victimes de démarcheurs trop habiles et dont les conséquences surtout dans les milieux modestes peuvent être désastreuses en raison de la longue durée des engagements pécuniaires pris. Ce texte a finalement été écarté, car on a pu craindre qu'il gêne le développement des ventes à crédit, mais surtout parce qu'il aboutissait à créer une sorte d'incapacité spéciale aussi bien pour le mari que pour la femme dès qu'il s'agissait d'achat à tempérament et que, s'appliquant à tous les régimes y compris la séparation de biens, il aurait pu avoir des conséquences inattendues.

Finalement, il a été décidé par la jurisprudence que « pour les obligations résultant d'achat à tempérament la solidarité n'aura pas lieu s'ils n'ont été conclus du consentement des deux époux ». La possibilité d'annulation est donc écartée, et l'achat à tempérament sera toujours valable quand bien même il aurait été contracté par un seul des époux. Mais le vendeur ne pourra poursuivre le recouvrement de sa créance qu'à l'égard de l'époux acheteur, son conjoint ne pouvant pas être personnellement inquiété. Cependant, si l'achat a été conclu du consentement des deux époux, ils seront solidairement responsables du paiement du prix. Les juges espéraient que ces dispositions inciteraient certains démarcheurs sans scrupules à plus de prudence et permettraient d'éviter que l'un des époux n'engage son conjoint de façon inconsidérée dans le cadre des contrats relatifs à l'entretien du ménage.

SECTION 4. LA REPRÉSENTATION D'UN ÉPOUX PAR L'AUTRE ET L'INTERVENTION DE LA JUSTICE

Chacun des époux tient ses pouvoirs soit de la loi, soit du régime matrimonial. Mais son conjoint peut les exercer en son lieu et place dans certaines conditions.

Paragraphe 1. Les mandats

L'article 172 du Code de la famille de la limitation des pouvoirs et du mandat au conjoint. Un époux a toujours le droit de donner à son conjoint mandat d'accomplir l'acte qu'il a seul pouvoir de faire. Le mandat peut être général ou spécial ; dans ce dernier cas, il n'est valable que pour un acte déterminé. Comme tout autre mandat, le mandat entre époux est révocable à tout moment ; l'époux mandataire n'est pas obligé de rendre compte (on suppose que son conjoint peut le surveiller facilement). Enfin, il ne s'engage pas lui-même, mais engage le patrimoine de son mandat. La jurisprudence admet très largement en ce domaine le mandat tacite et valide souvent des actes faits par un époux au su et avec le consentement de son conjoint auquel ils étaient réservés.

Si un époux agit en représentation de son conjoint sans qu'il en ait le pouvoir et sans avoir obtenu de celui-ci un mandat ou de la justice l'habilitation nécessaire, on appliquera les règles de la gestion d'affaires. C'est-à-dire que, si la gestion a été bonne et honnête, son conjoint devra remplir les engagements pris et lui rembourser les dépenses utiles et nécessaires qu'il aura faites.

Exemples : Devant une menace de réquisition, une femme mariée donne un appartement en location ; c'est un acte normal de gestion et, de surcroît, très utile. Ce qui ne serait pas le cas si une boulangère commandait seule un four de valeur importante. Nous verrons, en étudiant le régime légal, que cette question des mandats est soigneusement réglementée par les dispositions du Code.

Paragraphe 2. Le recours à la justice

Le recours à la justice est prévu à l'article 173 du Code de la famille. Il pourra se faire dans deux cas comme par le passé :

a) lorsqu'un époux, pour une raison quelconque, est incapable de manifester sa volonté (ce cas s'est présenté très souvent pour les prisonniers de guerre), son conjoint peut demander à être habilité judiciairement à accomplir un acte qu'il n'à pas le pouvoir de faire seul. Cette possibilité lui est réservée pour tous les actes ; elle s'étend à tous les pouvoirs.

L'époux doit adresser requête au président du tribunal ; la décision est prise en chambre du conseil. Le tribunal fixe souverainement l'étendue et les conditions temporaires à l'époux dont le conjoint est incapable de manifester sa volonté. L'époux représenté dans ces conditions est seul engagé (à moins, évidemment, que le conjoint qui agit ne s'engage personnellement. L'époux habilité par la justice doit éventuellement rendre compte de ses actes à son conjoint.

b) l'époux pourra également faire appel au tribunal pour suppléer au consentement nécessaire de son conjoint, si le refus de celui-ci n'est pas justifié par l'intérêt de la famille.

Il ne s'agit plus, dans ce cas, d'un conjoint incapable de manifester sa volonté, mais d'un conjoint qui refuse l'autorisation qu'il a seul pouvoir de donner (ce serait le cas, par exemple, d'une femme qui s'opposerait à l'aliénation d'un bien commun). Le tribunal ne pouvait, jusqu'à la loi du 17 octobre 1984, donner son autorisation que pour un acte bien déterminé, et seulement pour un acte de disposition : vente, hypothèque, donation, etc.

Cas pratiques

1). Une femme mariée décide de vendre son officine de pharmacie exploitée dans un local dont elle est conjointement propriétaire avec son mari, et de consentir à l'acquéreur un bail de neuf ans. Le mari s'y oppose et elle obtient le 21 février 2003, l'autorisation de passer seule l'acte de vente, le tribunal de Pointe-Noire ayant considéré que son refus était injustifié. Le mari fait appel et la Cour souligne que si la femme ne veut plus, pour des raisons personnelles ou médicales, continuer à exercer sa profession de pharmacienne, le mari ne peut l'y contraindre. Mais que, par contre l'intérêt de la famille et des deux enfants est de maintenir la pharmacie dans le patrimoine commun ; que l'exploitation peut être continuée avec l'aide d'un assistant ; que le bail de neuf ans dépréciait considérablement la valeur de l'immeuble.

La Cour se refuse à prendre partie entre l'intérêt de la femme et celui de la famille. Mais elle constate que la pharmacienne n'a pas rapporté la preuve que le refus de son mari n'était pas justifié par l'intérêt de la famille et qu'il n'y a pas lieu en conséquence à l'autoriser à passer seule un acte qui nécessite l'accord du mari.

2). Un mari désire acheter un appartement à un prix très avantageux. L'acquisition est faite au nom de la communauté : il peut donc passer l'acte seul. Mais pour financer cet achat, il obtient un prêt bancaire, et le banque demande comme garantie l'affectation hypothécaire du bien acheté. Il a besoin, alors, du concours de sa femme, tout comme il en aurait eu besoin pour vendre l'appartement. Or celle-ci, depuis deux ans, est internée dans un hôpital psychiatrique et hors d'état de manifester sa volonté. Le tribunal de grande instance de Brazzaville autorise le mari à passer l'acte d'achat avec affectation hypothécaire malgré l'opposition du parquet, qui demandait la désignation d'un tuteur et l'autorisation du juge des tutelles chargé de la protection des incapables majeurs. Le tribunal a passé outre dans un souci de rapidité estimant que l'article 173 du Code de la famille lui offrait cette latitude.

Paragraphe 3. Les situations de crises matrimoniales

Dans les deux cas précédents, il s'agit d'éviter qu'un des époux soit paralysé en raison de l'incapacité de son conjoint de manifester sa volonté ou même sa simple mauvaise volonté. Mais l'article 173 du Code, qui autorise dans ces cas le recours aux tribunaux, ne permet pas d'aller contre la volonté d'un époux qui mesurerait de ses pouvoirs - sur ses biens personnels – notamment-et conduirait la femme à sa ruine. Le Code de la famille a prévu par l'article 173 une large possibilité d'intervention de la justice dans ce que l'on a appelé « les situations de crise matrimoniale ». Ces dispositions constituent une des plus importantes innovations apportées par la loi.

1° Les conditions de l'intervention de la justice

Les dispositions combinées des articles 170 et 173 du Code de la famille en déterminent les conditions. Il faut que « l'un des époux manque gravement à ses devoirs et mette ainsi en péril les intérêts de la famille ». La condition exigée est donc double : il faut que le manquement d'un des époux soit grave et qu'il ait pour conséquence la mise en péril des intérêts de la famille. Un mari qui trompe sa femme manque à ses droits, mais, si sa liaison n'a pas de conséquences pécuniaires, l'intervention de la justice n'est pas possible. Par contre, s'il dilapidait sa fortune au profit de sa maîtresse et mettait ainsi en péril des intérêts de la famille, cette intervention deviendrait possible. La double condition exigée restreint donc en pratique le champ de l'article 173, qui va s'appliquer le plus souvent aux situations d'abandon et surtout de séparation de fait. On a pu dire que le Code de la famille consacrait ainsi dans une certains mesure, la séparation de fait. C'est exact, mais puisque ces situations sont fréquentes, c'est faire preuve de réalisme que de les prévoir, on l'a fait également, nous le verrons plus loin, dans les questions qui se posent au moment de la liquidation des régimes de communauté et l'on doit en féliciter les auteurs de la loi de 1984 plutôt que leur en faire grief.

2° Formes de l'intervention

Ce qui est important et capital dans ce genre de situation, c'est que le tribunal puisse intervenir très rapidement et prendre d'urgence les mesures qui s'imposent. C'est pourquoi le président du tribunal de grande instance pourra être saisi par référé, ce qui permettra à l'époux demandeur d'agir au plus vite, et au président du tribunal, s'il le juge utile et nécessaire, de prendre des mesures urgences.

3° Portée de l'intervention

La lecture de l'article 173 du Code de la famille nous édifie sur cette portée. La plus grande latitude est laissée aux magistrats, puisqu'ils peuvent prendre d'après le texte, toutes les mesures urgentes qu'ils jugeront nécessaires. L'étendue de leur intervention sera déterminée selon leur appréciation des cas précis qui leur seront soumis et du péril couru par la famille. Mais, s'ils en décident, ils pourront aller très loin, puisque la loi donne comme exemple la possibilité d'interdire à l'époux qui manque à ses devoirs de disposer des biens communs, et même de ses biens propres, qu'ils soient meubles ou immeubles, sans le consentement de l'autre. Nous verrons plus loin que le régime légal du Code prévoit le consentement des deux époux pour aliéner toute une série de biens communs importants. Mais la loi a exclu de cette énumération les valeurs mobilières, dont le mari dispose librement si elles sont communes. Le Code de la famille s'est révélé particulièrement utile dans certains cas pour éviter la dilapidation des valeurs mobilières communes.

Le président du tribunal pourra aussi interdire le déplacement des meubles. Mais ces mesures, visant une situation de crise, sont par là même provisoires, et leur durée ne saurait excéder trois ans. On espère que, la crise passée, les époux se réconcilieront et n'iront pas jusqu'au divorce. C'est peut-être un vœu pieux, mais il n'en reste pas moins que, dans de nombreux cas, l'intervention du tribunal pourra faciliter la sauvegarde des intérêts pécuniaires de la famille. Naturellement, le mari, aussi bien que la femme, pourra s'adresser aux tribunaux dans les cas prévus par ce texte.

4° Application de mesures ordonnées par le président du tribunal

Si l'ordonnance du président interdit les actes de disposition sur des biens dont l'aliénation est soumise à publicité, l'époux requérant devra la faire publier.

5° Sanction

a) pour cette catégorie de biens, toute aliénation postérieure à la publication est annulable à la demande du conjoint requérant, aussi bien d'ailleurs que tous les actes accomplis en violation de l'ordonnance s'ils ont été passés avec des tiers de mauvaise foi. L'action en nullité doit-être intentée dans les deux ans de la publication s'il est nécessaire, ou dans les deux ans à partir du jour où l'époux requérant a eu connaissance de l'acte.

b) si l'ordonnance interdit de disposer les meubles corporels ou de les déplacer, il faudra la signifier au conjoint, qui en devient gardien responsable. L'époux qui aurait détourné ou détruit les objets confiés à sa garde commettrait un abus de confiance et serait exposé aux peines correspondantes. Le tribunal peut donc désormais, pour une durée limitée, certes, interdire à l'un des époux de disposer même de ses biens personnels.

CHAPITRE III

LA PROFESSION SÉPARÉE DE LA FEMME, BIENS RÉSERVÉS, COMPTES EN BANQUE, PRÉSOMPTIONS DE POUVOIRS

Dès 1907, le législateur français s'était préoccupé du sort de la femme exerçant une profession séparée de celle de son mari. Les revenus ainsi acquis par elles constituent une catégorie spéciale de biens : *les biens réservés*, sur lesquels elle aura les plus larges pouvoirs, quelque soit son régime matrimonial.[10]

SECTION 1. SITUATION ET DROITS DE LA FEMME AVANT LA LOI DU 17 OCTOBRE 1984

Paragraphe 1. Le droit d'opposition du mari

La femme mariée pouvait librement exercer la profession de son choix sans avoir besoin de l'autorisation de son mari. Mais celui-ci pouvait s'y opposer s'il jugeait qu'il en allait de l'intérêt de la famille. La femme devait demander à la justice la levée de l'opposition, si elle estimait celle-ci non fondée. Il y a peu de jurisprudence en la matière, car cette procédure était peu employée ; à titre de curiosité on peut relever le cas d'un chercheur scientifique qui s'était opposé à la profession de sa femme, manucure, jugée par lui incompatible avec son standing. Le tribunal avait jugé cette opposition non fondée.

Paragraphe 2. Les biens réservés

Ce sont ceux qui proviennent de l'exercice, par la femme, d'une profession séparée, soit directement (gains, salaires, bénéfices..), soit indirectement (toutes les acquisitions réalisées par elle avec l'argent ainsi gagné). Ils constituent, sous tous les régimes, une masse distincte de biens que la femme administre et dont elle disposait seule, tout comme une femme séparée de biens (si elle était mariée sans contrat elle pouvait même en disposer à titre gratuit, ce qui est interdit au mari sur les biens communs). Mais ces biens

---

[10] Voir à ce sujet également, pour les professions commerciales, le chapitre 5. Les commerçants et le mariage.

restaient communs, et, à la dissolution, ils devaient être partagés si la femme acceptait la communauté. Par contre, elle les conservait entièrement si elle refusait la même communauté. La femme exerçant une profession séparée avait le droit de se faire ouvrir, sans autorisation de son mari, un compte spécial et d'y faire toutes opérations ; le mari n'avait aucun contrôle de ce compte et ne pouvait pas faire opposition auprès du banquier.

Paragraphe 3. Les difficultés

Elles étaient nombreuses, aussi biens pour les créanciers que pour la femme elle-même, car il fallait prouver à la fois l'exercice d'une profession séparée (ce qui était relativement facile) et l'origine du bien, et, sauf sur les gains directs, c'était difficile, car la femme ne songeait pas à se ménager les preuves nécessaires pour les acquisitions faites par elle. Le Code de la famille a facilité l'exercice des droits de la femme sur les bien, réservés, mais en faisant des biens communs, qui seront obligatoirement partagés.

SECTION 2. LA SITUATION DEPUIS LE CODE DE LA FAMILLE

Paragraphe 1. L'exercice d'une profession séparée par la femme

39. Le projet de la loi du 17 octobre 1984 avait primitivement renversé la situation en décidant que si le mari voulait s'opposer à l'exercice d'une profession par sa femme, c'était à lui de le demander en justice, alors que, nous venons de le voir, c'était à la femme qu'il appartenait jusqu'alors de demander au tribunal la levée d'une opposition injustifiée du mari. Au cours du débat, il est apparu que ces dispositions, vexatoires pour la femme et non réciproques, n'avaient peut-être pas beaucoup d'utilité, et elles ont été purement et simplement supprimées. Désormais, donc, « la femme a le droit d'exercer une profession sans le consentement du mari ». Il n'est plus question ni d'autorisation ni de possibilité d'opposition du mari, ce qui a l'avantage en tout cas d'interdire la pratique courante qui consistait pour le mari à écrire une lettre à l'employeur de sa femme pour manifester son opposition et obligeait la femme, si elle voulait passer outre, à s'adresser à justice.

Est-ce à dire que toute opposition du mari à l'exercice d'une profession par la femme est désormais impossible ? On peut penser que les époux, et aussi bien la femme que le mari, pourront utiliser les dispositions de la loi du 17 octobre 1984 qui permettent au tribunal de prendre toutes mesures si l'un des époux manque à ses devoirs et compromet les intérêts de la famille, à condition évidemment que ces deux conditions soient réunies à l'occasion de l'exercice d'une profession. Ce sera rarement le cas, et l'on peut en conclure que pratiquement la femme exerce librement la profession de son choix.[11]

Paragraphe 2. Les biens réservés

Ces biens, nous l'avons vu, constituent depuis le début du siècle une masse distincte soumise, sous tous les régimes matrimoniaux, à la libre jouissance et administration de la femme.

La loi du 17 octobre 1984 a, d'une part, facilité à la femme l'exercice de ses pouvoirs sur cette catégorie de biens, en même temps que, d'autre part, sous les régimes de communauté tout au moins, elle en restreint l'étendue.

1° Pouvoirs de la femme sur les biens réservés

Ils sont réservés à son administration, à sa jouissance, à sa libre disposition, dit l'article 225 du Code de la famille, mais il existe une restriction en précisant : « sauf à observer les limitations apportées par les articles et aux pouvoirs respectifs des époux ».

a) le Code de la famille traite des pouvoirs respectifs des époux dans le régime de communauté légale et précise que la femme, pour administrer ses biens réservés, a les mêmes pouvoirs que le mari pour administrer les biens communs. Or, nous verrons que ces pouvoirs sont considérablement restreints, puisque sans le consentement de sa femme, il lui est interdit d'aliéner, d'hypothéquer les immeubles, fonds de commerce, exploitations communs, ainsi que toute une série d'autres biens.

La femme qui, avant le Code de la famille, avait sur ses biens réservés les mêmes pouvoirs que la femme séparée de biens donc les plus larges, puisqu'elle pouvait même en disposer à titre gratuit, ce qui avait toujours été, sur les biens communs, interdit au mari va donc voir ses pouvoirs considérablement réduits, si elle est mariée sous le régime légal, puisque le consentement de son mari sera indispensable pour lui permettre d'aliéner une série de biens réservés importants.

b) c'est là une sensible restriction des pouvoirs de la femme, mais la loi réduit également ses droits finaux sur les biens réservés dans les régimes de communauté : auparavant, elle pouvait toujours les conserver intégralement sans les partager avec son mari si elle renonçait à la communauté.

Or, nous le verrons, la possibilité de renonciation à la communauté a été supprimée par le Code de la famille. Les biens réservés, qui restent toujours,

---

[11] Le ministre de la Justice a précisé que le conjoint d'un fonctionnaire, d'un avocat, officier ministériel, expert-comptable, pouvait parfaitement exercer une profession commerciale, à la condition qu'aucune interférence n'existe entre les activités des deux époux.
Il a ajouté que si le conjoint de l'époux dont la profession est réglementée se répartissait de la réserve qu'impose à lui, son attitude constituerait une faute qui pourrait, dans certains cas, être considérée comme un manquement grave aux devoirs des époux, ce qui rendrait possible l'intervention du président du tribunal sur la base de l'article 175 du Code de la famille.

ne l'oublions pas, des biens communs, seront réunis, à la dissolution du régime à l'actif de la communauté et partagés.

C'est la logique même qui conduit à adopter cette solution : il était, d'une part, difficile d'admettre que la femme ait sur ses biens réservés plus de droits que le mari sur les biens communs. Il est normal, d'autre part, que la femme, qui peut facilement surveiller la gestion de son mari sur tous les biens communs importants, ne conserve pas la possibilité, si la communauté est déficitaire ou si c'est son intérêt, de garder pour elle seule ses biens réservés. La capacité implique corrélativement la diminution de la protection accordée jusqu'alors à l'incapable de fait qu'était restée la femme avant la loi de 1984. Enfin dans certains cas, la possibilité accordée à la femme de conserver ses biens réservés pouvait conduire à des injustices : il suffit d'imaginer le cas d'une femme commerçante mariée à un non-commerçant ; si elle faisait de bonnes affaires, il lui suffisait de renoncer à la communauté pour en conserver seule le bénéfice. Il n'en demeure pas moins que ces dispositions devraient pousser la femme commune à une grande vigilance, car elle n'aura plus la ressource, pour conserver le fruit de son travail, de renoncer à une communauté déficitaire ou peu intéressante. Notons, pour conclure, que les créanciers de la femme pourront exercer leurs poursuites sur les biens réservés, même si l'engagement contracté par elle l'a été en dehors de l'exercice de sa profession ; les créanciers du mari, seulement lorsque la dette aura été contractée par lui dans l'intérêt du ménage.[12]

2° Moyen de preuve[13]

La femme aura un intérêt évident à établir, aussi à l'égard des tiers qu'à celui de son époux, que tel bien possède le caractère de bien réservé ; et dans ce domaine la question de la preuve a toujours été délicate. L'origine et la consistance des biens réservés seront établies selon les règles prévues sous le régime de communauté légale pour faire la preuve du caractère propre d'un bien, c'est-à-dire qu'il faudra au moins un écrit, mais que l'on pourra prendre en considération tous les écrits et notamment les documents de banque, les factures, les papiers et registres domestiques. La preuve par témoignage ou présomption ne pourra être admise que dans les seuls cas où la femme n'aurait pas eu la possibilité matérielle ou morale de se procurer un écrit. Ce serait le cas, par exemple, si elle avait abandonné à son mari la gestion de ses biens réservés.

Notons, là aussi, le souci de protéger les tiers par le refus de principe de la preuve par témoins. Ils le seront également par les dispositions concernant les comptes en banque et les présomptions de pouvoir, dispositions qui par ailleurs facilitent l'exercice des pouvoirs que la femme détient sur les biens réservés.

---

[12] H. D. Amboulou, op. cit.
[13] Art. 226 du Code de la famille

Cas pratique

Un mari séparé de faits de sa femme tenait de faire annuler la vente d'un fonds de commerce, faite par elle seule, en prétendant qu'il s'agissait d'un bien commun. Les juges révèlent que la femme, soit seule, soit avec son mari, avait acheté, puis vendu plusieurs fonds de restaurant qu'elle avait exploités seule, qu'elle avait partagé avec lui le produit de la vente de l'avant-dernier, et déclaré, lors de l'acquisition, qu'elle agissait sans son autorisation comme exerçant une profession distincte et repoussent la prétention du mari.

Conseil au notaire. *Il a été jugé, dans le cas d'une vente d'un bien prétendu réservé, que le notaire qui avait déclaré dans l'acte que la femme exerçait une profession séparée alors que c'était faux était solidairement responsable avec la venderesse de l'éviction du tiers acquéreur résultant de l'irrégularité de l'acte. En résumé, la loi de 1984 n'a pas innové en ce qui concerne la composition des biens réservés. Mais la preuve du caractère réservé du bien, qui se faisait autrefois par tous moyens, a été rendue plus malaisée par le Code de la famille. En effet, il faut que la femme combatte la présomption d'acquêt de communauté de la même manière et par les seuls moyens admissibles pour faire la preuve qu'un bien est propre. Certes, l'administration de la preuve licitée dans la mesure où les tribunaux admettront assez largement l'impossibilité matérielle ou morale de se procurer un écrit. Mais il n'est pas certain que ce soit là la tendance dominante de la jurisprudence.*

La Cour aurait dû rechercher si la femme était réellement dans l'impossibilité matérielle ou morale de prouver par écrit la qualité de bien réservé de l'appartement et ne pas se fonder sur de simples présomptions. Mais elle a considérablement réduit les pouvoirs de la femme mariée qui, en tout état de cause dans le régime légal, doit partager avec son mari ou ses héritiers ses biens réservés à la dissolution du régime. Par contre, la femme qui reste soumise aux dispositions de l'ancien régime conservera le droit, en renonçant à la communauté, de les garder pour elle seule.

Paragraphe 3. Les comptes en banque

Nous allons étudier, ici, et conformément à l'article 176 du Code de la famille certaines dispositions tendant à faciliter à la femme l'exercice de ses droits, bien qu'elles ne concernent pas uniquement les femmes exerçant une profession séparée, mais toutes les femmes, car c'est pour celles qui ont un métier qu'elles seront le plus utiles. Désormais, la femme peut se faire ouvrir, sans le consentement de son mari tout compte bancaire ou postal quel qu'il soit : compte de chèques, compte de titres, compte de dépôt. Non seulement cette possibilité lui est formellement reconnue, mais l'article 176 du Code de la famille pose le principe d'une présomption de propriété, ou plutôt de libre disposition, en disant : l'époux déposant est réputé, à l'égard du dépositaire, avoir la libre disposition des fonds et des titres en dépôt. Ceci est extrêmement important, car le banquier, libéré par cette présomption de toute éventuelle responsabilité, n'aura plus aucune raison pour contrarier la libre gestion de fonds ou de titre sur lesquels la femme a tous pouvoirs.

Ce texte résout les difficultés auxquelles se heurtaient depuis cinquante ans les femmes congolaises qui voulaient ouvrir un compte bancaire ou faire des opérations de bourse. Désormais, le banquier n'aura plus aucune justification à demander à la femme mariée, et notamment pas de justifier de son régime matrimonial, comme il le faisait jusqu'alors, pour lui ouvrir un compte et l'autoriser à faire les opérations bancaires les plus diverses. De la même façon, la femme peut contracter des emprunts bancaires, avoir un compte en banque débiteur, bénéficier d'ouvertures de crédit...

Si le compte de la femme est alimenté par ses gains et revenus provenant de l'exercice d'une profession séparée, le mari n'y aura droit et ne pourra en aucun cas les revendiquer (pour ce faire, nous le verrons plus tard, il faudrait qu'il prouve, sous les régimes de communauté, qu'il s'agit d'économies réalisées par la femme sur les revenus de ses biens propres). Ce texte, anodin en apparence, est très important, car il va permettre à la femme de se faire ouvrir sans justifications un compte en banque et d'y faire librement et sans autorisation toutes opérations. Or, jusqu'à présent, les banques se montrèrent extrêmement tatillonnes (pour ne pas dire méfiantes) vis-à-vis de la femme, même séparée de biens.

SECTION 3. INSTRUCTIONS DONNÉES AU BANQUIER

Les ministres des Finances et de la Justice ont donné des indications très utiles aux banques concernant l'application du Code de la famille. Il a été précisé notamment :

— que la simple opposition du conjoint (même notifiée par huissier) ne saurait suffire à bloquer le compte. Une décision de justice est nécessaire ;

— que le banquier n'a plus aucune justification à demander aux époux quant à leur régime matrimonial, ni à la femme l'autorisation de son mari ;

Il semble bien, également, que le banquier ne puisse pas en l'absence d'autorisation communiquer à un conjoint d'indications sur le compte ouvert au nom de son époux.

— que, par biens détenus individuellement, il fallait entendre les deniers, les titres au porteur, les titres nominatifs, lettres de change, billets à ordre... ;

— que la bonne foi du tiers contractant se présumait, et qu'il n'y avait pas lieu que les banques procèdent à des vérifications à ce sujet (la situation serait différente si le conjoint avait manifesté son opposition pour faire tomber cette présomption de bonne foi) ;

— enfin, que le banquier n'a pas lieu de bloquer, en cas de décès d'un époux, le compte du conjoint survivant, non plus que le compte de la femme en cas de liquidation des intérêts des époux.

Ceci est important, car, avant la loi de 1984, en cas de décès notamment, les banques avaient tendance à bloquer systématiquement le compte du conjoint survivant.

Cela ne sera possible maintenant qu'en cas de demande d'héritiers prouvant que la libre disposition de son compte par le survivant pourrait, éventuellement, leur causer un préjudice.

Conseil au notaire. *Le notaire dépositaire des fonds de ses clients n'a pas à se préoccuper de leur origine et peut les utiliser conformément aux instructions qui lui sont données par une femme mariée, sans avoir à solliciter l'autorisation du mari. Cependant, si cette épouse est mariée sous un régime de communauté, il sera utile de lui faire préciser avant l'utilisation des fonds inscrits à son compte si elle entend faire une déclaration d'origine dans l'acte à établir (pour le cas où ces fonds auraient une origine propre).*

Paragraphe 1. Les présomptions de pouvoirs

C'est en dégageant la responsabilité du banquier qu'on a résolu les problèmes bancaires qui se posaient à la femme mariée, c'est en dégageant la responsabilité des tiers que l'on va lui faciliter l'exercice de la capacité. Nous abordons ces questions à l'occasion de l'exercice par la femme d'une profession séparée, mais, nous le répétons, ces dispositions sont valables pour toutes les femmes mariées. Le Code de la famille précise que si l'un des époux se présente seul pour faire un acte quelconque sur un bien meuble qu'il détient individuellement, il est réputé, à l'égard des tiers de bonne foi, avoir le pouvoir de faire seul cet acte. Cette loi pose donc une présomption de pouvoir à l'égard des tiers, qui seront certains s'ils ne sont pas de mauvaise foi de ne pas voir mettre en cause ultérieurement leur responsabilité. L'acte passé de bonne foi sera valable à leur égard.[14]

Pour que cette présomption joue, il faut et il suffit que la détention soit individuelle et sans équivoque : ce ne serait pas le cas, par exemple, d'une récolte détenue dans un immeuble commun, mais l'équivoque serait levée et la présomption jouerait si la femme se rendait seule au marché pour y vendre cette récolte, car il y aurait alors l'individualisation qu'exige le texte. Notons que cet article s'applique aux titres et valeurs mobilières qui sont des meubles et renforce encore la sécurité du banquier ou de l'agent de change. Il ne pourra pas refuser à la femme de vendre ou d'accepter en dépôt les valeurs mobilières qu'elle lui présente, ni lui demander la moindre justification sur l'origine ou la propriété de ces titres, puisqu'il sera couvert par la présomption du Code de la famille.[15]

En ce qui concerne les pouvoirs à donner par les époux pour les assemblées générales d'une société dont la femme possède des titres, il a été précisé par

[14] Art. 214 du Code de la famille

[15] H. D. Amboulou, Le droit des affaires dans l'espace OHADA, L'Harmattan, 2014

l'acte uniforme relatif au droit des sociétés commerciales et du groupement d'intérêt économique de l'OHADA que chaque fois que ces titres sont au nom d'une femme mariée, ou déposés par elle, ou remis à un compte à son nom, sa signature n'a pas à être accompagnée de celle de son mari, même si elle est commune en biens. Les dispositions qui précèdent ne sont pas applicables aux meubles meublants se trouvant dans le logement familial non plus qu'aux meubles corporels tels que les vêtements et le linge corporel, les instruments de travail appartenant à l'autre époux.

Cas pratique

Une femme mariée, commune en biens, verse 400.000F devant notaire en garantie d'un bail assorti d'une promesse de vente qui lui était consentie. La femme n'obtient pas le prêt qu'elle escomptait pour lever la promesse (le bail était de six mois et conclu dans le seul but de lui laisser le temps de réunir les fonds nécessaires à la vente). Elle ne parvient pas à se faire restituer l'avance faite par elle. Son mari demande l'annulation de l'acte, et les premiers juges décident qu'il lui est inopposable : qu'en conséquence les bailleurs-vendeurs doivent lui restituer en sa qualité de chef de la communauté les fonds dont sa femme n'avait pas le droit de disposer seule.

En appel, il est décidé ceci :

« En application de l'article 172 du code de la famille, l'acte a été régulièrement passé par la femme qui a bien versé des espèces (des billets de banque), qu'elle détenait individuellement, à des tiers de bonne foi (l'époux avait participé aux opérations préliminaires, et d'ailleurs la bonne foi se présume ; c'est à celui qui la conteste de rapporter la preuve de ses affirmations) ».

Les conditions prévues par l'article 172 du Code de la famille étant réunies, la Cour ne pouvait que rejeter la demande du mari. L'article 172 du Code de la famille a été spécialement édicté pour permettre à la femme l'exercice de sa capacité, en posant une présomption propre à rassurer les tiers, qui n'ont pas à se préoccuper de savoir si la femme agit en vertu d'un mandat de son mari ou d'un pouvoir qu'elle exerce en sa qualité de propriétaire ou d'administratrice. Cette présomption de pouvoir vient en concurrence directe avec la présomption de communauté de l'article 214 du Code de la famille qui a fait longtemps de la femme une incapable, et doit évidemment lui être préférée au plan du droit théorique.

Il n'en reste pas moins que la prudence commande de s'assurer que la femme exerce une profession séparée ou possède des biens propres ou personnels, les tribunaux étant souvent sensibles aux circonstances de fait et au comportement des parties. Ces deux mesures (compte en banque, présomption de pouvoir) tendent à rassurer les tiers qui craindraient d'engager leur responsabilité ou d'acquérir la chose d'autrui en traitant avec une femme mariée agissant seule. Elles sont propres à faciliter l'introduction de la réforme et le libre exercice de la capacité de la femme mariée. Elles seront même éventuellement utiles au mari qui, nous le verrons, voit ses pouvoirs réduits (et même complètement supprimés sur les biens propres de la femme) qui pourrait à son tour, dans certains cas, être victime de la méfiance des tiers avec lesquels il sera amené à traiter.

CHAPITRE III

L'HYPOTHÈQUE LÉGALE DES ÉPOUX

C'est une garantie que le législateur donnait à la femme sous tous les régimes matrimoniaux pour contrebalancer les pouvoirs du mari, qui étaient très étendus (particulièrement sous les régimes de communauté) ; elle lui permettait d'être payée avant les créanciers du mari de tout ce que ce dernier pouvait lui devoir : apports, créances à la suite d'héritage..., et même pension alimentaire qu'il aurait été condamné à lui verser. Elle a été profondément modifiée à deux reprises récemment : d'abord en 1955 et dans la loi de 1984.[16]

SECTION 1. SES CARACTÈRES AVANT LA PREMIÈRE RÉFORME DE 1955

Paragraphe 1. Généralités

Ce sont les principes du droit français qui sont applicables. C'était une hypothèque générale : elle portait sur tous les immeubles du mari, présents ou futurs, l'ensemble des immeubles communs si la femme renonçait à la communauté, ceux qui étaient mis dans la part du mari si elle l'acceptait. C'était une hypothèque occulte : elle existait du fait même du mariage, et il n'était pas besoin de la faire inscrire tant qu'il durait (à la dissolution, il fallait le faire dans un délai d'un an). Sa date remontait d'une manière générale au jour du mariage, sauf pour les héritages, donations... reçus par la femme, où elle prenait effet au jour où ces évènements s'étaient produits et pour le remploi de ses propres aliénés, où elle prenait effet au jour de la vente.

Paragraphe 2. Atténuations

Cette hypothèque gênait considérablement le mari quand il voulait vendre un de ses immeubles ou un immeuble commun, c'est pourquoi certaines atténuations étaient permises :

---

[16] Sur l'hypothèque, Cf. H. D. Amboulou, Le droit des sûretés dans l'espace OHADA, L'Harmattan

— par contrat de mariage, les deux époux pouvaient, s'ils étaient majeurs, décider que l'hypothèque ne porterait que sur certains biens du mari ;
— la femme pouvait renoncer à son hypothèque sur un immeuble déterminé par une déclaration expresse contenue dans un acte authentique (généralement dans l'acte de vente lui-même) ;
— elle pouvait encore subroger un tiers dans ses droits : celui-ci pouvait alors se faire payer de sa créance au même rang que la femme aurait eu elle-même si la subrogation n'avait pas eu lieu. La subrogation pouvait être tacite lorsque la femme concourait à un acte par lequel son mari constituait une hypothèque conventionnelle sur un bien commun.

SECTION 2. LA RÉFORME DE JANVIER 1955

Elle modifiait profondément les caractères de l'hypothèque légale de la femme mariée :
— de générale, elle devenait particulière ;
— elle était occulte, elle devait être inscrite ;
— sa date n'était plus automatiquement le jour du mariage, mais celui de son inscription.

La femme, comme ses héritiers, avait le droit de requérir l'inscription : il était permis de le faire avant le mariage pour la dot et les conventions matrimoniales mais elle n'avait d'effet que du jour du mariage.

Pour les successions échues à la femme, les donations ou legs qui lui étaient faits, le remploi de ses propres aliénés et, d'une manière générale, pour toute créance qu'elle acquiert contre son mari, le rang de l'hypothèque était du jour de son inscription. La femme mariée pouvait avoir intérêt à requérir une inscription au plus vite dès qu'elle avait une créance contre son mari (l'inscription devait être renouvelée tous les dix ans).

SECTION 3. MESURES D'APPLICATION

Paragraphe 1. La réforme de 1955

Les inscriptions prises avant le 1er janvier 1956 étaient soumises au régime antérieur au décret du 4 janvier 1955 ; leur rang notamment restait celui qui leur était alors attribué et non celui de leur inscription.

Le Code de la famille ne s'appliquait qu'à partir du 1er janvier 1985. L'hypothèque inscrite avant cette date conservait le rang privilégié qu'elle avait lorsqu'elle était occulte.

Paragraphe 2. La loi actuelle

Toutes les femmes dont le mariage aura été célébré avant la date d'entrée en vigueur du Code de la famille (c'est-à-dire avant le 1er janvier 1985) continueront à bénéficier de l'hypothèque légale telle qu'elle avait été réglementée par la réforme de 1955, quand bien même n'aurait pas encore été inscrite. Mais l'inscription elle-même sera soumise au nouveau droit. Ceci peut avoir une certaine importance, car, nous allons le voir, la loi actuelle réduit le champ d'action de l'hypothèque légale.

SECTION 4. LA LOI DU 17 OCTOBRE 1984

Elle donne à la femme sa pleine capacité, elle réduit considérablement les pouvoirs du mari, et l'hypothèque légale de la femme mariée ne sera plus justifiée que dans certains cas particuliers ; elle pourra même quelquefois jouer en faveur du mari.

Paragraphe 1. Son caractère facultatif

Non seulement elle n'est plus occulte, non seulement elle doit être inscrite, mais surtout elle est facultative. Ce qui est logique, car on pouvait la considérer comme étant la contrepartie de pouvoirs d'administration du mari sur les biens propres de sa femme. Or, nous le verrons, ils sont désormais retirés, la femme disposant seule et librement de ses propres. Elle n'est donc possible que dans des cas bien précis.

Paragraphe 2. Si le contrat de mariage le prévoit

La loi du 17 octobre 1984 reconnait que : quel que soit le régime matrimonial, il est toujours permis aux époux de convenir, dans le contrat de mariage, que la femme aura la faculté d'inscrire son hypothèque légale. Cela résulte du grand principe de la liberté des conventions matrimoniales ; si les deux sont d'accord, il n'y a aucune raison de leur ôter cette faculté.

De plus, dans certains cas, et notamment lorsque les époux adopteront la clause d'unité d'administration, qui a pour effet de confier au mari l'administration des biens de sa femme, il pourra être utile de prévoir la possibilité de l'inscription pour garantir la femme des créances qu'elle pourrait avoir contre son mari, car, dans ce cas, son hypothèque légale conserve toute sa raison d'être.

Paragraphe 3. Si les époux adoptent le régime de participation aux acquêts

Le régime de la communauté réduite aux acquêts est prévu par les articles 212 à 114 du Code de la famille. Ils auront alors de plein droit la possibilité d'inscrire l'hypothèque légale. Ceci est également normal, puisque, nous le verrons, dans ce régime chacun des époux possède une créance de participation sur les acquêts dont s'est augmentée la fortune de son conjoint, créance qui dans certains cas, pourra être liquidée dès avant la dissolution du régime. L'hypothèque légale garantit alors le paiement de cette créance, et comme le mari aussi bien que la femme en bénéficie, il pourra lui aussi, et non plus la femme seule, faire inscrire son hypothèque sur les biens de sa femme.

Cette disposition est une application intéressante d'une mesure originairement destinée à protéger la femme et elle seule, mais qui est utilisée en faveur du mari quand les deux époux sont placés – comme c'est le cas sous ce régime – sur un pied d'égalité totale. Notons pour être complet, que même sous ce régime cette faculté n'est pas imposée aux époux, qui peuvent toujours l'écarter en précisant dans leur contrat de mariage qu'ils renoncent à faire inscrire leur hypothèque légale sur les biens des autres.

Paragraphe 4. L'intervention de la justice

Nous avons dit plus haut que l'autorisation et l'habitation par la justice est prévue à l'article 173 du Code de la famille. En dehors des deux cas précédents (régime de participation aux acquêts ou contrat de mariage le prévoyant), l'un comme l'autre des époux ne pourra faire inscrire son hypothèque légale qu'après autorisation du juge. Il faut naturellement que l'époux demandeur puisse justifier d'une créance contre son conjoint (ou ses héritiers) et introduise une demande en justice à cet effet. Il pourra requérir une inscription provisoire de son hypothèque dès qu'il aura signifié son assignation et fait porter son affaire au rôle (le greffier lui délivre un certificat). Si la demande est admise par le tribunal, cette inscription provisoire devient définitive ; si elle est rejetée, elle est purement et simplement radiée.

Notons enfin que, dans les cas que nous étudierons plus loin, où un époux obtient par décision de justice le droit de gérer soit la communauté, soit les biens réservés, soit même les biens propres de son conjoint et en ses lieu et place le tribunal pourra décider d'inscrire une hypothèque légale sur les immeubles de celui des époux à qui il confiera la charge d'administrer les biens qui jusqu'alors étaient soumis à la gestion de l'autre.

Conseil au notaire. *L'hypothèque légale, garantie traditionnelle de la femme incapable de fait, comme une peau de chagrin se réduit au fur et à mesure que la loi permet à la femme de veiller elle-même à la sauvegarde de ses intérêts. Dès 1955, il fallait qu'elle soit inscrite, ce que les femmes négligeaient de faire la plupart du temps. Elle ne pourra plus maintenant être* *inscrite que dans des cas bien précis, où elle se justifie encore et, innovation importante, elle pourra servir au mari à garantir ses droits sur sa femme. Elle ne mérite donc plus son titre « d'hypothèque légale de la femme mariée » : on l'appellera désormais « l'hypothèque légale des époux ».*

DEUXIÈME PARTIE

LE CONTRAT DE MARIAGE

CHAPITRE I

PRÉSENTATION GÉNÉRALE

Le *contrat de mariage* est la convention adoptée par les époux pour déterminer le régime matrimonial qui va régler leurs rapports pécuniaires. Le législateur de 1984 a établi un certain nombre de régimes types : *communauté légale* ou *conventionnelle, séparation de biens, participation aux acquêts*, entre lesquels vont pouvoir choisir les futurs conjoints.

Mais à tous ceux qui n'auront pas fait de contrat – et la loi n'oblige pas à en faire – le régime de la communauté légale est impérativement imposé. C'est le plus répandu au Congo, car très nombreux sont les époux qui ne prennent pas la précaution de rédiger un contrat.

Conseil au notaire. Les futurs époux n'attendront pas le dernier moment pour penser à leur contrat ; les problèmes posés sont complexes, les solutions diverses. Sauf quand les conjoints ne possèdent aucune fortune (et n'en espèrent aucune) et où un contrat simplifié sera dressé, plusieurs visites chez le notaire seront nécessaires.

SECTION 1. LES FORMES DU CONTRAT DE MARIAGE

Le Code de la famille ne donne aucune précision sur les formes du contrat de mariage. Ces formes sont donc constantes dans la pratique notariale.

Paragraphe 1. C'est un acte solennel

Le contrat doit être rédigé par un notaire (mais un seul notaire suffit), et cela à peine de nullité. Le notaire conserve l'original de l'acte dans ses archives et n'en délivre que des expéditions.

Paragraphe 2. Qui doit être rédigé avant le mariage

On a voulu que soient réglées toutes les questions pécuniaires avant que les époux ne consentent mutuellement au mariage. On considère également qu'avant le mariage les futurs époux sont sous la protection de leurs familles, et l'on a voulu éviter que l'un d'eux ne profite de l'influence qu'il peut avoir sur son futur conjoint pour se faire consentir des avantages exorbitants.

Rédigé après le mariage, le contrat serait nul de nullité absolue (sauf le cas où des époux mariés sans contrat en dresseraient un par la suite dans l'intérêt de la famille et sous l'homologation du tribunal[17]). Voir à ce sujet, chapitre 2 : Modification du contrat de mariage.

Paragraphe 3. En présence simultanée de toutes les parties ou de leurs mandataires

Le notaire doit faire signer en même temps toutes les parties à l'acte ; un époux ne pourrait pas signer un jour et son futur conjoint le lendemain. Les parties, ce sont obligatoirement les futurs époux, leurs parents s'ils sont mineurs, les donateurs éventuels. Elles ont cependant le droit de se faire représenter par une personne de leur choix dûment mandatée. La procuration devra elle-même être authentique (faite par un notaire) et mentionner très exactement les conventions matrimoniales adoptées. Faute de la présence simultanée de toutes les parties, le contrat est nul.

Il a été jugé qu'un contrat portant deux dates différentes, dont pouvait se déduire la non-simultanéité des signatures était nul. La jurisprudence qui précise « en la présence et avec le consentement simultanés » (on a pris soin de mettre simultanés au pluriel) ne fait que confirmer cette doctrine bien établie, mais pour l'avenir seulement. En effet, il a été décidé que, sous réserve des décisions passées en force de chose jugée, les conventions matrimoniales conclues antérieurement à l'entrée en vigueur de la loi de 1984 ne pourront pas être annulées au motif que la présence simultanée de toutes les parties ou de leurs mandataires aurait fait défaut. En conséquence les contrats portant deux dates et antérieurs au 1er février 1985 ne pourront plus être annulés pour ce seul motif.

Paragraphe 4. Contenu du contrat

Le contrat doit préciser le régime matrimonial choisi par les époux et les pouvoirs de chacun d'eux sur leurs biens (propriété, administration, jouissance). Il décide de la liquidation des apports respectifs des époux. Il peut comporter également des présomptions de propriété : on dira que tel ou tel bien est présumé appartenir à la femme. On peut y trouver encore des donations, celles que leurs parents ou des tiers peuvent faire aux futurs époux ou encore celles que les époux se consentent l'un à l'autre (Troisième partie : Donations entre époux). Enfin le contrat peut contenir des clauses extra-matrimoniales, comme la reconnaissance d'un enfant naturel, la vente d'un immeuble, etc.

---

[17] Art. 311 du Code de la famille

Conseil au notaire. *Nous déconseillons fortement l'insertion dans le contrat de mariage de tous actes extra-matrimoniaux qui pourraient rester valables malgré la caducité du contrat (si le mariage n'a pas lieu, le contrat n'a lui-même aucune valeur) ; mais une reconnaissance d'enfant naturel, par exemple, qui est un aveu, conservera sa pleine valeur, même si le mariage n'est pas célébré. Les parties peuvent être, de la même manière, tentées d'inclure dans le contrat une vente, un acte quelconque, qui, dans leur esprit, est fait en fonction du mariage projeté. Si elle n'est pas assortie d'une clause restrictive et que le mariage n'ait pas lieu, le tribunal pourrait cependant juger la convention valable. Nous conseillons de faire des actes séparés pour tout ce qui ne fait pas partie de la convention matrimoniale elle-même. Dans le cas d'une vente avec une clause précisant qu'elle serait nulle en cas de non-célébration du mariage.*

SECTION 2. LA LIBERTÉ DES CONVENTIONS MATRIMONIALES

Le principe en est posé par l'article 208 du Code de la famille.

1° Les époux jouissent de la plus grande liberté dans le choix de leur régime matrimonial : ils peuvent choisir parmi les régimes que leur propose le Code de la famille, les combiner librement et leur apporter toutes les modifications qui leur plaisent. Chaque union pose des problèmes particuliers. L'objet de cet ouvrage est justement d'indiquer ce qu'il est possible de faire, et de montrer les avantages et inconvénients des différents régimes et des diverses clauses modificatives.

2° Mais cette liberté des conventions matrimoniales souffre un certain nombre de restrictions qui viennent de ce qu'il existe un véritable statut des gens mariés obligatoire et s'imposant à tous, quel que soit le contrat choisi par eux. Ce sont ces dispositions communes, que nous venons d'étudier dans la première partie de cet ouvrage, que les époux doivent impérativement respecter :

— les époux doivent respecter les bonnes mœurs et l'ordre public : serait nulle, par exemple, toute clause de non-cohabitation ou de non-remariage d'un des époux ;

— ils ne peuvent pas modifier les règles édictées par la loi relatives à la capacité des époux, et notamment restreindre les droits de la femme : par exemple choisir comme régime la séparation des biens et dire en même temps que la femme aura besoin d'une autorisation de son mari pour administrer ses biens ;

— il était, avant la loi de 1984, impossible de déroger aux pouvoirs du mari chef de ménage ou chef de communauté : dire par exemple, sous un régime de communauté, que la femme administrera les biens communs était interdit, puisque la loi attribuait ce pouvoir au mari. Le Code de la famille a supprimé cette interdiction, et, nous le verrons plus loin donne pratiquement toute liberté aux époux pour modifier les règles d'administration des biens communs et des biens propres ;

— on ne peut pas porter atteinte aux règles de l'autorité parentale : fixer par exemple, sur l'exercice d'une profession séparée ou encore le droit de demander la séparation de biens ;

— enfin, les époux ne pouvaient pas modifier l'ordre des successions et faire des pactes sur successions futures. (Notons que les clauses de partage de la communauté ne constituent pas un pacte sur succession future).

Mais le Code de la famille va introduire une exception à ce principe important et permettre, dans certains cas, les pactes sur succession future, ce qui, au point de vue juridique, est aussi révolutionnaire que de permettre de modifier le contrat de mariage, ou d'en changer après la célébration du mariage.

Désormais la possibilité pour le survivant d'acquérir ou de se faire attribuer certains biens personnels du prémourant est formellement reconnue et réglementée par la loi. Ce qui rendra de réels services au survivant commerçant et exploitant agricole. Le contrat de mariage devra prévoir les biens sur lesquels pourra s'exercer cette faculté, et il pourra déterminer les bases d'évaluation, les modalités de paiement (à défaut d'accord, le recours au tribunal est possible). Des délais sont prévus pour l'exercice par le survivant (et lui seul attention : ces règles ne s'appliquent pas à la dissolution par divorce, séparation de corps) de cette faculté, qui devient caduque un mois après une mise en demeure des héritiers du prédécédé (voir dans la quatrième partie de cet ouvrage : Les commerçants et le mariage).

Relevons ici le réalisme du législateur de 1984. Devant une situation embarrassante, il n'hésite pas à faire un accroc à un grand principe du droit français (avant le Code de la famille, toute clause prévoyant le prélèvement d'un bien personnel du prédécédé était automatiquement annulé, car elle était considérée comme un pacte sur succession future). Mais en même temps il limite le champ d'application de l'exception et en règlement soigneusement les conditions.

SECTION 3. QUESTIONS DE CAPACITÉ

L'article 128 du Code de la famille dispose que l'homme avant 21 ans révolus et la femme avant 18 ans révolus ne peuvent contracter mariage, sauf dispense accordée par le procureur de la République pour des motifs graves. Si les futurs époux sont majeurs, il n'y a évidemment pas de problèmes. La question va se poser pour les incapables : peuvent-ils valablement passer un contrat de mariage ?

Paragraphe 1. Les mineurs

Le futur époux, dès qu'il peut contracter mariage, c'est-à-dire dès l'âge de 18 ans pour un garçon et de 15 ans pour une fille, peut « consentir toutes les conventions dont le contrat est susceptible ». En conséquence :

— c'est lui qui passe personnellement son contrat de mariage. Il intervient lui-même et n'est pas représenté, comme pour les autres contrats, par son père ou sa mère ;

— mais il doit être assisté par les personnes dont le consentement est nécessaire pour la validité du mariage : père, mère conseil de famille…, selon le cas.

Cas pratique

Il a été jugé qu'une constitution de dot faite dans un contrat de mariage passé par un mineur non assisté était nulle. Et le tribunal a décidé qu'en raison de l'incapacité du mari la constitution ne pouvait pas valoir comme acte sous seings privés constituant une promesse de don manuel.

Dûment assisté, le mineur passe donc valablement toute convention en rapport avec son régime matrimonial : il pourra faire notamment une donation à sa future épouse. La sanction de la non-observation de ces règles est la possibilité d'annulation des conventions matrimoniales passées sans assistance des personnes dont le consentement était nécessaire : c'est aussi bien le mineur lui-même que les personnes dont le consentement était requis qui pourront demander l'annulation, à condition que la demande en soit faite au plus tard dans l'année qui suivra la majorité accomplie. Passé ce délai, la nullité est couverte et les conventions matrimoniales définitivement valables.

Paragraphe 2. Prodigues-faibles d'esprit

Les problèmes des incapables majeurs ont été abordés dans notre ouvrage paru dans la même collection : *Les personnes, les incapacités et la filiation en droit congolais*. Les incapables majeurs, en tutelle ou en curatelle, ne peuvent pas passer de conventions matrimoniales sans être assistés de ceux qui doivent consentir à leur mariage. A défaut, l'annulation du contrat de mariage peut être demandée dans l'année, soit par l'incapable lui-même, soit par ceux dont le consentement était nécessaire, soit par le tuteur ou le curateur.

S'ils n'établissaient pas de contrat, ils seraient obligatoirement placés sous le régime de la communauté légale. C'est pourquoi on admettait que les individus pourvus d'un conseil judiciaire pouvaient, sans assistance, passer un contrat de mariage qui n'entraînait pas pour eux d'aliénations plus étendues que celles résultant de l'adoption du régime de communauté légale, donc pratiquement pour les contrats, sauf celui de communauté universelle. Le Code de la famille exige l'assistance du conseil judiciaire pour toute convention matrimoniale : à défaut le conseil judiciaire aussi bien que l'intéressé lui-même pourront en demander l'annulation, mais dans l'année du mariage seulement.

Paragraphe 3. Aliéné

Controverse doctrinale : sans intérêt pratique

SECTION 4. PUBLICITÉ DU CONTRAT

Le contrat de mariage s'impose non seulement aux époux dans leurs rapports pécuniaires, mais aux tiers qui vont vouloir traiter avec eux. Ils auront le plus grand intérêt à connaître quel époux est propriétaire de tel bien et quels sont ses pouvoirs. C'est pourquoi le législateur a organisé une publicité de droit commun. Pour celle spéciale aux commerçants, voir quatrième partie de l'ouvrage : Les commerçants et le mariage.

1° Le notaire, après avoir dressé le contrat, remet aux futurs époux un certificat énonçant ses nom et adresse, ceux des futurs conjoints et la date du contrat. Les époux devront le remettre à l'officier d'état civil avant la célébration du mariage. Ce dernier, de son côté, « interpelle » les époux pour leur demander s'ils ont fait un contrat et chez un notaire. Leur réponse est consignée dans l'acte de mariage lui-même.

2° Les tiers qui voudront traiter avec les époux peuvent se procurer facilement copie de l'acte de mariage, que la mairie délivre sur simple demande : si un contrat de mariage y est mentionné, il leur appartiendra de demander aux époux qu'il leur soit montré ; sinon, c'est que les conjoints sont mariés sous le régime de la communauté légale. A eux d'en tirer les conséquences.

3° Les sanctions :

— si la mention du contrat a été oubliée dans l'acte de mariage, le notaire ou l'officier d'état civil responsable de cette omission peuvent être déclarés civilement responsables du préjudice subi par le tiers, car le contrat, lui, leur reste opposable.

— si ce sont les époux qui ont menti en déclarant n'avoir pas fait de contrat, le contrat reste opposable aux tiers (sauf cependant les clauses d'inaliénabilité dotales).

Supposons, par exemple, qu'en l'absence de mention dans l'acte de mariage, un tiers, avant la loi de 1984, pensant que les époux étaient mariés sous le régime de la communauté, traite avec le mari ; si, de fait, le régime était la séparation de biens, la femme pouvait faire annuler la vente d'un bien lui appartenant.

4° Les effets du contrat. Le sort du contrat de mariage est lié à celui du mariage lui-même : il n'a d'effets qu'à partir de la célébration de ce dernier.

CHAPITRE II

MODIFICATION DU CONTRAT DE MARIAGE ET CHANGEMENT DE RÉGIME MATRIMONIAL

Le changement de régime matrimonial est prévu à l'article 221 du Code de la famille. Un des principes fondamentaux du droit français était celui de l'immutabilité des conventions matrimoniales, qui interdisait de changer de régime matrimonial ou même d'y apporter des modifications partielles après la célébration du mariage. Un des pivots de la loi du 17 octobre 1984 est de permettre, sous certaines conditions non seulement de modifier dans les détails mais de changer entièrement de régime matrimonial. Mais, avant la célébration du mariage, les modifications ont toujours été permises par ce qu'on appelle les contre-lettres.

SECTION 1. LES CONTRE-LETTRES

Les changements apportés au contrat avant la célébration du mariage doivent remplir plusieurs conditions pour être valables et opposables aux tiers :

— comme le contrat lui-même, la contre-lettre doit être rédigée par un notaire ;

— en présence et avec le consentement simultané de toutes les parties présentes au contrat de mariage. Notons cependant que si un donateur est absent les changements apportés au contrat restent valables, mais pas la donation elle-même. L'absence d'une autre des parties rend nulle la contre-lettre ;

— le notaire rédige le texte de la contre-lettre à la suite de la minute du contrat ; sinon elle est inopposable aux tiers. Il transcrira obligatoirement cette même contre-lettre sur toutes les expéditions du contrat qui lui seront demandées. Faute de quoi elle reste inopposable aux tiers qui ont acquis des droits à la validité desquels elle aurait pu faire obstacle.

SECTION 2. L'IMMUTABILITÉ DES CONVENTIONS MATRIMONIALES AVANT LA LOI DE 1984 ET SES CONSÉQUENCES

a) au cours du mariage, les époux ne pouvaient pas changer de régime qu'ils aient fait un contrat ou non.

Le contrat du mariage était définitif et s'appliquait dès le jour du mariage : il était interdit de convenir d'un contrat sous des conditions restrictives (dire, par exemple, qu'il ne produira ses effets que cinq ans après le mariage, car il y aurait en fait succession de régime différent).

La doctrine était d'accord pour dire, par contre, que l'adoption d'un régime matrimonial sous condition (s'il ne s'agissait pas naturellement d'une condition purement potestative) était possible. Cette question avait peu d'intérêt pratique.

b) les conséquences en sont les suivantes : les époux ne peuvent pas changer la destination d'un bien particulier, ni les pouvoirs que le contrat leur donne : par exemple, transformer un bien commun en un bien propre, ou vice versa. Il est interdit de partager la communauté avant sa dissolution (pendant une instance en divorce, par exemple).

Les pouvoirs de chacun des époux sont intangibles : on ne peut pas donner par exemple, au mari, sous un régime de séparation, le droit de disposer des biens propres de sa femme (sauf ce que nous avons dit des mandats). En application de cette règle de l'immutabilité des conventions matrimoniales, les ventes entre époux sont interdites sauf en cas de dation en paiement d'un des conjoints à l'autre et dans les cas suivants :

— si la femme cède à son mari des biens promis par contrat ;

— si des immeubles de la femme avaient été aliénés, le mari peut lui donner en remploi un de ses immeubles propres ;

— en cas de séparation judiciaire, un des époux peut céder à l'autre certains de ses biens en paiement de ses droits conjugaux.

En vertu du même principe étaient interdites, jusqu'à l'ordonnance française du 19 décembre 1958, les sociétés entre époux ; celle-ci les autorise dans certaines conditions.

Pour les mêmes raisons, les libéralités faites par contrat de mariage sont irrévocables. La question (que nous avons abordée dans notre ouvrage : *Les libéralités et les successions en droit congolais, L'Harmattan*) se pose de savoir si, à l'occasion d'un changement de régime, les époux ne peuvent pas, d'un commun accord, modifier les donations qu'ils se seraient faites par contrat de mariage : nous pensons qu'il faut répondre par l'affirmative.

Cas pratiques

La jurisprudence interprétait très strictement le principe de l'immutabilité des conventions matrimoniales. Il a été jugé :

— des parents avaient donné en pleine propriété par contrat de mariage un immeuble à leurs enfants. Ceux-ci, par la suite, leur en rétrocédèrent l'usufruit. Cette convention a été jugée nulle par le tribunal, en vertu du principe de l'immutabilité qui interdisait aux époux de consentir des renonciations abdicatives sur les biens donnés par contrat.

Les époux prétendirent bien qu'ils ne faisaient que remplir une obligation naturelle. Mais la nullité fut cependant déclarée par le tribunal, car on ne put prouver que les parents donateurs étaient dans le besoin. Mais le principe de l'immutabilité n'interdisait pas aux époux de disposer des biens donnés.

— la Cour suprême a cassé un arrêt donnant effet à une reconnaissance de don manuel d'un époux doté, engagement postérieur au mariage, parce que celui-ci créait à la charge de l'époux une obligation plus étendue que celle résultant des conventions matrimoniales.

L'application stricte de ce principe et les conséquences désastreuses qui pouvaient en résulter quelquefois pour la situation pécuniaire des époux étaient telles qu'on en avait vu divorcer, quoique s'entendant fort bien, pour se remarier ensuite sous un nouveau régime matrimonial (ce qui est permis par la loi).

SECTION 3. LA LOI DU 17 OCTOBRE 1984 ET LES ASSOUPLISSEMENTS APPORTÉS AU PRINCIPE

Le principe de l'immutabilité des conventions matrimoniales pouvait éventuellement se concevoir avant le Code de la famille, où la société relativement stable n'évoluait que lentement. Il était suranné, voire dangereux, à une époque comme la nôtre d'accélération constante de l'histoire aussi bien individuelle que générale et cela d'autant plus que le contrat de mariage est, de tous celui qui produit ses effets le plus longtemps (autant que dure le mariage lui-même) ; c'est pourquoi la loi de 1984 en assouplit la rigueur afin de permettre aux époux d'adapter leur situation à l'évolution économique et sociale.

Paragraphe 1. Mutabilité contrôlée des conventions

Il est admis qu'après deux ans d'application du régime matrimonial conventionnel ou légal, les époux pourront convenir, dans l'intérêt de la famille, de le modifier ou même d'en changer entièrement, par un acte notarié qui sera soumis à l'homologation du tribunal de leur domicile.[18]

Cette possibilité est donc ouverte à tous les époux sans exception, aussi bien à ceux qui, n'ayant pas fait de contrat, pourront alors adopter un régime conventionnel, qu'aux autres. Et elle leur est ouverte pour tout changement

[18] Art. 211 du Code de la famille

partiel ou général : ils pourront changer complètement de régime matrimonial, en adopter un nouveau, ou bien se contenter de retoucher partiellement celui qui les régissait jusqu'à présent, adoptant telle clause, supprimant telle autre. Donc la loi de 1984 offre de larges responsabilités ; mais sous certaines conditions, et les conséquences du principe restent valables.

Paragraphe 2. Conditions

1° Accord des époux

Il faut que les deux époux en conviennent, qu'ils soient bien d'accord. Un seul agissant unilatéralement ne saurait y contraindre son conjoint. Nous sommes donc dans un domaine différent de celui où jusqu'à présent nous avons vu la justice intervenir à la demande d'un des époux et contre son conjoint. Ici, il n'y a pas crise entre les époux mais, au contraire, accord des époux pour modifier un régime qui ne leur convient plus et dans leur intérêt mutuel.

2° La période d'essai

On veut bien permettre certains changements aux époux, mais on les limite dans le temps, en leur imposant une période probatoire de deux ans pendant laquelle toute modification sera impossible. Donc nécessité de vivre pendant deux ans sous le régime choisi avant d'avoir la possibilité de convenir de le modifier. Mais le Code de la famille ne limite pas le nombre des changements ou modifications dans le temps, et il n'est théoriquement pas impossible que, pendant la durée de leur mariage, si toutes les conditions sont réunies, les époux conviennent successivement de plusieurs régimes matrimoniaux.[19]

3° L'intérêt de la famille

Ce n'est pas par pur caprice, ni à plus forte raison pour frauder les droits des tiers ou d'enfants, que les époux pourront changer de régime matrimonial. C'est seulement quand l'intérêt de la famille sera en jeu que la mutabilité pourra jouer. Le projet primitif exigeait que le régime choisi se montre « gravement préjudiciable aux intérêts de la famille » ; or, l'expérience montre que si l'on est obligé de constater le préjudice pour agir, il est déjà trop tard. Il s'agira donc aussi bien de l'intérêt actuel ou futur, et il n'est en tout cas pas exigé que l'on prouve que le caractère nuisible du régime actuel ait déjà porté ses fruits. Il semble que la modification sera supérieur, au regard des intérêts de la famille, à l'ancien.

[19] H. D. Amboulou, op. cit.

4° Condition de forme

Il faut un acte notarié précise l'article 211 du Code de la famille même pour les époux qui, n'ayant pas fait de contrat, sont placés sous le régime légal. Ceci est tout à fait normal, puisqu'il s'agit de modifier un état existant, de convenir de changements, et que seul un notaire peut conseiller les époux et passer les conventions matrimoniales nouvelles.[20]

5° Homologation du tribunal

Enfin et surtout, il faudra que les époux soumettent cet acte notarié au tribunal de leur domicile, afin qu'il soit homologué. La demande d'homologation est présentée sous forme de requête devant le tribunal de grande instance du domicile des époux, accompagnée d'une expédition de l'acte notarié. Le juge aura à décider si c'est le seul intérêt de la famille qui a guidé les époux et non pas le désire de nuire à des enfants d'un premier lit, au fisc ou au tiers ; les premières décisions jurisprudentielles montrent que l'intérêt de la famille est apprécié d'une façon très large et très libérale par les juges. Les époux n'auront pas à prouver que leur régime présent est nuisible à la famille, mais, simplement que celui sous lequel ils veulent se placer est meilleur ou protégera mieux ses intérêts.

Dans quel cas le juge devra-t-il refuser son homologation ? Essentiellement quand les époux voudraient léser les tiers, les enfants d'un premier lit. Ils seront particulièrement vigilants lorsque les époux voudront adopter la communauté universelle, qui permet, nous le verrons, de laisser au survivant la totalité du patrimoine commun. Il est à souhaiter qu'en ce domaine une certaine collaboration s'établisse entre le notaire chargé par les époux de dresser leurs nouvelles conventions et le juge chargé de les homologuer. Notons, enfin, que le juge appellera et entendra à l'instance de l'homologation toutes les personnes qui avaient été parties dans le contrat modifié, si elles sont toujours en vie.[21]

6° Fiscalité

Le changement de régime matrimonial ne constitue pas une cession à titre onéreux : le ministre du budget, dans une réponse écrite en 1986 avait précisé qu'en conséquence, en ce qui concerne l'application de la loi sur les plus values, lorsque par exemple, un bien propre est cédé à la communauté, il conviendra, aussi bien en ce qui concerne les délais que la valeur du bien, de se placer à la date à laquelle celui-ci est entré dans le patrimoine de l'époux apporteur. En ce qui concerne les droits d'enregistrement, le changement de régime matrimonial ne constitue pas une mutation.[22]

---

[20] H. D. Amboulou, op. cit.
[21] Article 211 du Code de la famille
[22] Cf. Art 445 Code général des impôts

Paragraphe 3. Conséquences

1° Entre les parties, le jugement d'homologation a effet immédiatement.

2° A l'égard des tiers, trois mois après qu'il ait été mentionné en marge de l'acte de mariage (et même en l'absence de cette mention si les époux ont expressément déclaré dans les actes passés avec les tiers avoir modifié leur régime matrimonial).

3° Les demandes et les décisions d'homologation devront être publiées (et tout spécialement lorsqu'elles viseront un couple dont l'un des membres est commerçant), cela afin de permettre aux tiers de sauvegarder éventuellement leurs droits. Les syndics seront bien avisés d'examiner de près la situation matrimoniale des débiteurs dont ils ont à s'occuper pour prendre éventuellement toute mesure en temps utile, dans l'intérêt de la masse.

4° Si les manœuvres des époux ont échappé à la vigilance du juge, les tiers lésés ne seront pas désarmés, car ils pourront encore former tierce opposition contre le jugement d'homologation. Les époux qui seront tentés de frauder leurs créanciers en organisant l'insolvabilité de l'un ou de l'autre auront ainsi un double barrage à passer : celui de l'*homologation* et celui de la *tierce opposition*.

5° Celui-ci peut rester inefficace. D'abord, le juge n'a pas toujours la possibilité de déceler le dessein frauduleux des époux, d'autant plus que celui-ci n'apparaît réellement que le jour où seront réalisées sur les divers patrimoines les opérations de partage et de liquidation qui sont la conséquence du jugement d'homologation.

Ensuite, la tierce opposition doit être formée dans l'année du jugement d'homologation. Mais rien n'empêche les époux de retarder les opérations de partage qui en résultent et qui feront clairement apparaître la fraude au-delà du treizième mois pour priver leurs créanciers de cette arme. Et la loi n'a pas prévu de délai impératif pour obliger les époux à liquider leur régime matrimonial (à la différence de ce qui se passe en cas de séparation de biens judiciaire où les opérations tendant à liquider les droits des parties doivent commencer dans les trois mois du jugement). Enfin l'intérêt de la famille, qui doit avant tout être pris en considération par le juge, peut très bien commander un changement de régime matrimonial, même si les créanciers risquent de ne pas y trouver leur compte ultérieurement.

Cas pratiques

a) deux époux communs en bien font homologuer le changement de leur régime en séparation de biens, et très vite procèdent au partage de la communauté ; La Banque Commerciale Congolaise (BCC) créancière du mari fait tierce opposition le 23 juillet 1989, car le lot de son débiteur n'a été composé que de valeurs douteuses. La tierce opposition ayant été formée dans les délais, et admise par le tribunal de grande instance de Brazzaville, le jugement d'homologation lui-même et l'acte de partage de la communauté consécutif sont déclarés inopposables à la Banque, le 10 septembre 1989. Ici, le créancier a pu agir, car le partage est intervenu très peu de temps après le jugement d'homologation.

b) un P.D.G de la société HYDAM, en liquidation judiciaire, assigné pour être déclaré personnellement responsable du passif de la société, demande l'homologation de l'acte par lequel il substitue la séparation de biens au régime de communauté par lequel le couple est régi. Les époux ne cachent pas l'existence des poursuites engagées contre le mari et précisent au contraire que, le jugement du tribunal de grande instance de Brazzaville du 17 mai 1994 ne produisant d'effet que pour l'avenir, les créanciers du mari conservent tous leurs droits. Le tribunal refuse l'homologation, car la liquidation de la communauté diminuera le gage des créanciers sans qu'ils soient en mesure de s'opposer à la fraude qui leur serait faite tant que le jugement déclarant le mari responsable du passif social n'aura pas été prononcé. Voici un exemple de grande rigueur du tribunal, et inhabituelle.

Les donations. La Cour suprême a eu l'occasion de trancher la délicate question des donations faites par le contrat de mariage, qui sont irrévocables. On pouvait légitimement se demander, dans le silence des textes, si elles le restaient ou si, au contraire, elles pouvaient suivre le sort du contrat lui-même, qui, en raison des assouplissements apportés au principe de l'immuabilité, peut être modifié.

Elle a décidé qu'à l'occasion d'un changement de régime matrimonial, les époux pouvaient à cet égard adopter deux attitudes :

— ou bien, s'il n'en est pas fait mention dans le nouveau contrat soumis à homologation, elles subsistent ;

— ou bien les époux peuvent convenir de les annuler ou de les modifier. Mais il semble bien qu'en dehors de demande de changement partiel ou total de régime, les donations faites par le contrat restent intangibles.

Ainsi, faisant preuve de réalisme, la loi de 1984 introduit dans le domaine de l'immutabilité des conventions matrimoniales une nouvelle disposition qui permettra de substituer à la rigidité et à la rigueur antérieures une grande souplesse. Mais souplesse ne veut pas dire anarchie, et le contrôle des tribunaux garantira les manœuvres éventuelles des époux qui voudraient utiliser le nouveau texte à d'autres fin que celle qu'il vise : les intérêts de la famille.

Cette possibilité de modification ou de changement de régime matrimonial est non seulement ouverte aux époux qui se sont mariés après l'entrée en vigueur de la loi de 1984 (c'est-à-dire postérieurement au 1er février 1985), mais également à ceux qui s'étaient mariés avant cette date, qu'ils aient fait ou non un contrat de mariage.

S'ils usent de cette faculté que la loi leur réserve, le nouveau régime matrimonial qu'ils auront adopté sera entièrement soumis aux dispositions de la loi. Cependant, s'ils ne désirent modifier que des points de détail, ils pourront convenir de rester soumis à l'ancien régime. L'homologation du tribunal étant évidemment nécessaire.

a) il faut noter que les époux peuvent très bien, par consentement mutuel organiser une séparation de corps par requête commune qui entraîne séparation de biens et qu'en l'état actuel des textes la protection des enfants, des tiers et de créanciers n'est pas, dans le cadre de cette procédure nouvelle, assurée de façon très rigoureuse. Il y a là une possibilité offerte aux époux indélicats.

b) le principe de l'immuabilité des conventions matrimoniales interdisait aux époux de procéder au partage amiable de la communauté avant que le jugement de divorce ne soit devenu irrévocable.

La loi du 17 octobre 1984 a permis désormais de telles conventions et a prévu que les dispositions qui réglementent les changements de régime matrimonial ne leur seront pas applicables.

Paragraphe 4. Justification de principe posé par le Code de la famille

C'est avec raison que le législateur de 1984 a assoupli le principe de l'immutabilité des conventions matrimoniales, dont la rigueur, et depuis bien longtemps, n'était plus justifiée. Les arguments principaux en sa faveur étaient ceux-ci :

— l'intérêt des époux

On peut craindre que l'un d'eux (et on pensait surtout au mari) puisse se faire consentir des avantages par ses manœuvres et son influence sur son conjoint qui échappent à la règle de la révocation des donations entre époux. On peut répondre que le contrôle des tribunaux peut éviter généralement les conventions abusives ; on peut penser également que la femme de 1984 n'est plus celle du début du 20e siècle, ignorante des affaires et soumise aux volontés du mari.

Au contraire, l'immutabilité des conventions matrimoniales va bien souvent à l'encontre des intérêts des époux qui peuvent s'être trompés en adoptant tel ou tel régime ou dont le régime, satisfaisant au début de leur mariage, ne répond plus à leurs besoins actuels en raison d'une modification de l'état de leur fortune d'un changement de profession.[23]

— l'intérêt de la famille

Les parents des futurs époux, qui très souvent ont présidé à l'établissement de leurs conventions matrimoniales, doivent pouvoir compter, dit-on, sur une certaine stabilité de celle-ci. Là aussi, du fait de l'évolution des mœurs, cet

[23] H. D. Amboulou, op. cit.

argument a perdu beaucoup de sa valeur. Même si l'on admet que le contrat de mariage a été passé dans l'intérêt des futurs époux et non pas, comme c'est souvent le cas, en fonction des considérations égoïste de leurs familles, celles-ci peuvent très bien ne plus répondre à leurs besoins au bout d'un certain temps en raison des bouleversements économiques. Et puis les parents meurent normalement avant leurs enfants, et il est abusif d'imposer à ceux-ci de vivre sous des conventions arrêtées par ceux qui auront disparu, et qui à notre époque de rapides mutations, sont incapables de prévoir l'évolution de la situation patrimoniale de leurs enfants.[24]

— l'intérêt des tiers

L'argument ici est plus sérieux, car les tiers doivent connaître avec sûreté le régime des époux avec lesquels ils traitent. Si ceux-ci peuvent le modifier au cours du mariage, les tiers peuvent être lésés et courir des risques. L'homologation du tribunal, d'une part qui est destinée à prévenir les fraudes possibles des époux, et les mesures de publicité prévues par les nouveaux textes, d'autre part, ne permettent pas toujours de protéger leurs intérêts légitimes. Nous verrons plus loin au chapitre 3 qu'ils ne sont pas désarmés, à condition de rester vigilants.

Conseil au notaire. *Pour connaître le régime matrimonial sous lequel sont mariés les tiers avec lesquels on désire traiter, il sera prudent de demander une copie récente de l'acte de mariage pour s'assurer que le régime primitif n'a pas été modifié et également, si un contrat de mariage a été passé par les époux, une copie de ce dernier. En effet, le dispositif de la décision d'homologation est non seulement signifié à l'officier d'état civil du lieu où le mariage a été célébré aux fins de mention en marge mais aussi notifié par lettre recommandée avec accusé de réception au notaire détenteur de la minute du contrat, afin qu'il y soit mentionné.*

SECTION 4. LA DÉFENSE DES CRÉANCIERS DEVANT UN CHANGEMENT DE RÉGIME MATRIMONIAL À LEURS DROITS

Il ne fait aucun doute, et les décisions que nous avons examinées dans la section 3 ci-dessus en portent témoignage, que les tribunaux ont tendance, ou bien à ne pas se livrer à une recherche systématique pour examiner si les droits des tiers risquent d'être lésés, ou bien à faire prévaloir l'intérêt de la famille qui leur est préféré lorsqu'ils sont saisis d'une demande d'homologation. Dans la plupart des cas, ce n'est pas au moment de l'homologation que la fraude des époux pourra être déjouée, en raison soit du laxisme des juges, soit parce que

[24] H. D. Amboulou, op. cit.

celle-ci n'apparaîtra vraiment qu'ultérieurement, au moment de la liquidation de l'ancien régime matrimonial.

Et il est bien vrai, d'autre part, que les risques de fraude des droits des créanciers sont certains lorsque les époux abandonnent un régime de communauté au profit d'un régime de séparation de biens, le premier barrage étant généralement inefficace ; il reste à examiner comment les créanciers pourront faire valoir leurs droits dans cette hypothèse particulière.

2° Le second barrage, c'est la tierce opposition contre le jugement d'homologation, que les créanciers devront former dans l'année de sa publication. Le plus souvent, c'est au moment de la liquidation et du partage de la communauté que la fraude apparaîtra, et rien n'oblige les époux à y procéder dans l'année de la publication du jugement. La Cour suprême a confirmé que les règles appliquées en cas de séparation de biens judiciaires qui veulent que dans les trois mois du jugement les poursuites tendant à la liquidation des droits des parties commencent et que le règlement définitif intervienne dans l'année de l'ouverture des opérations de liquidation ne sont pas applicables à la séparation de biens intervenant à la suite d'un changement de régime matrimonial, l'article 211 du Code de la famille n'imposant aucun délai aux époux. Ceux-ci peuvent donc retarder à leur gré les opérations de liquidation de la communauté et paralyser en quelque sorte les créanciers, lesquels n'auront aucune raison de former tierce opposition au jugement d'homologation qui en lui-même n'établirait pas la fraude à leurs droits.

Et la Cour de Brazzaville a refusé à un créancier le droit de former tierce opposition avant que le partage de la communauté n'ait été fait par les époux. Le deuxième barrage, celui de la tierce opposition risque lui aussi d'être inefficace. Mais cela ne signifie pas que les créanciers seront désarmés.

3° En effet, les créanciers tant que la communauté n'est pas partagée, peuvent faire saisir en totalité les biens communs qui composent une masse indivise entre les époux et constituent leur gage. Dans cette optique, il est évident que les époux n'ont aucun intérêt à retarder la mise en œuvre effective du régime de séparation qu'ils ont voulu adopter. Les créanciers personnels des époux peuvent, de leur côté provoquer le partage de ces biens indivis pour saisir la part qui échoit à l'époux qui est leur débiteur. La lésion des créanciers proviendra donc beaucoup plus de la manière dont se fera la liquidation du régime que de l'époque à laquelle elle interviendra.

4° Mais là encore les créanciers ne sont pas désarmés : l'article 211 du Code de la famille leur reconnaît le droit de s'opposer à ce que le partage soit effectué hors de leur présence et ils ont le droit d'y intervenir à leurs frais. S'ils ont formé opposition et que le partage ait lieu néanmoins, ils pourront sur simple demande le faire annuler, car il sera présumé frauduleux.

Mais si les créanciers n'ont pas fait opposition à ce qu'il y soit procédé hors de leur présence le partage sera inattaquable, même s'il était frauduleux.[25]

[25] H. D. Amboulou, op. cit.

5° Même dans ce dernier cas, les créanciers ne sont pas encore complètement désarmés : tout d'abord, ils peuvent demander l'annulation du partage avec une particulière précipitation par les époux : c'est là une question de fait. Ensuite, si le partage est réellement disproportionné, les créanciers peuvent démontrer qu'il est purement fictif ou simulé, et qu'il dissimule en fait une donation déguisée, et ensuite l'attaquer par la voie de *l'action paulienne.*

Ainsi, dans certains cas, sans même avoir fait opposition, les créanciers pourront attaquer un partage abusif. Signalons une décision intéressante approuvée par la Cour suprême pour lutter contre la fraude des époux : la Cour déclare frauduleux l'acte de partage de communauté qui n'avait placé dans le lot du mari aucun bien susceptible d'être appréhendé par les créanciers ; et, à titre de sanction, décide que la femme doit payer la totalité de la dette due au créancier.

6° Notons enfin une voie originale ouverte au créancier qui se trouve en face d'un partage de communauté déséquilibré et fait en lésion de ses droits : c'est celui d'intervenir par la voie de l'*action oblique* aux lieux et place de son créancier dont la part réduite dans le partage fait apparaître à son détriment une lésion de plus du quart, en introduisant *une action en rescision pour lésion.* Ce droit a été formellement reconnu à un créancier par la Cour suprême dans une espèce où le partage avait mis dans le lot de la femme tous les biens solides dépendant de la communauté, pour ne laisser dans celui du mari que des créanciers sans valeur et les parts d'une société à la veille d'être mise en règlement judiciaire.

Ainsi la jurisprudence organise et facilite l'exercice de l'action des débiteurs victimes d'un changement de régime matrimonial organisé en fraude de leurs droits par les époux même s'ils n'ont pas pu ou voulu former en temps utile tierce opposition au jugement d'homologation qui, en lui-même ne révélait aucune fraude, celle-ci apparaissant beaucoup plus tard, au moment de la liquidation de la communauté.

Elle leur permet de déjouer ou de faire échec dans certaines conditions et selon plusieurs voies, *participation au partage, action paulienne, action oblique, déclaration de simulation…* à un partage fictif ou déséquilibré et de pallier en quelque sorte le défaut de contrôle du juge qui doit en priorité s'assurer que le changement est conforme aux intérêts de la famille et qui, en outre, n'a peut être pas les moyens de s'assurer que les droits des tiers seront respectés.

TROISIÈME PARTIE

LES RÉGIMES MATRIMONIAUX

CHAPITRE I

LA COMMUNAUTÉ LÉGALE OU COMMUNAUTÉ RÉDUITE AUX ACQUETS

Nous savons qu'une des pièces maîtresses de la loi du 17 octobre 1984 est le nouveau régime légal sous lequel seront placés automatiquement tous ceux qui en se mariant ne prennent pas la précaution d'établir un contrat de mariage (ou se bornent à déclarer qu'ils se marient sous le régime de la communauté). Il ressemble beaucoup, en ce qui concerne la composition des patrimoines, à l'ancienne communauté réduite aux acquêts, très fréquemment adoptée par les époux. Il a semblé au législateur de 1984 que c'était ce régime qui conviendrait le mieux aux congolais en raison de leur attachement traditionnel au principe communautaire, selon lequel les acquêts faits pendant le mariage appartiennent aux deux époux et doivent être partagés par moitié à la dissolution du régime. L'actif de la nouvelle communauté légale sera beaucoup moins important que celui de l'ancienne, puisqu'en en seront exclus tous les biens possédés avant le mariage. Ces biens propres prennent une grande importance, d'autant plus que la communauté n'en possède plus l'usufruit comme par le passé et que, nous le verrons plus loin, les époux en disposent librement.

SECTION 1. L'ACTIF DE LA COMMUNAUTÉ

Paragraphe 1. La notion d'acquêts

La communauté se compose des acquêts faits par les époux ensemble ou séparément durant le mariage, dit l'article 212 du Code de la famille. Sont donc exclus tous les biens quels qu'ils soient meubles ou immeubles dont les époux étaient déjà propriétaires avant leur mariage et qui leur restent propres ; également exclus les immeubles aussi bien que les meubles qu'ils acquerront à titre gratuit pendant la durée du mariage par succession et donations sauf toutefois s'ils leur ont été donnés avec stipulation expresse de communauté ou bien conjointement, car la libéralité faite aux deux époux fait que le bien donné tombe en communauté (sauf stipulation contraire évidemment). Donc le régime légal exclut de la communauté les biens de famille qui restent dans le patrimoine des époux. Seuls vont tomber en communauté les acquêts, c'est-à-dire les biens que les époux vont acquérir à titre onéreux pendant toute la durée de l'union, soit séparément chacun de son côté soit conjointement, quand ils achèteront ensemble un immeuble, un fonds de commerce…

L'article 212 du Code de la famille précise ensuite que ces acquêts proviennent tant de leur industrie que des économies faites sur les fruits et revenus des biens propres. Les époux disposent en effet de deux sources de revenus :

1° Ceux qu'ils tirent de l'exercice d'une profession, et nous savons à ce sujet que les biens que la femme acquiert par ses gains et salaires forment une masse spéciale : les *biens réservés* qui sont soumis à son administration. Mais ce sont des biens communs et à la dissolution on les réunit à la masse commune pour être partagés entre les époux. Les biens réservés sont donc des acquêts. Les époux, une fois qu'ils ont contribué aux charges du ménage, disposent librement de leurs gains et salaires : il ne leur est pas fait obligation d'être économes ou prudents, ils peuvent très bien vivre largement et ne pas faire d'acquêts, ne pas contribuer à l'enrichissement de la communauté. On ne peut pas leur en faire grief dans la mesure où ils ne mettent pas en péril les intérêts de la famille.

Mais les produits du travail des époux sont communs dès leur origine. Il a été jugé que le régime des salaires des époux est exactement le même sous le nouveau régime que sous celui de l'ancienne communauté réduite aux acquêts à l'occasion de l'espèce suivante :

Un différend opposait mari et femme sur la liquidation après divorce de la communauté ; les époux acceptèrent de se soumettre aux dispositions de la loi du 17 octobre 1984 pour le voir trancher. L'époux revendiquait comme propre une somme importante inscrite à son compte dans une société où il était associé et représentant ses gains et salaires. Le tribunal les déclare communs, car ils proviennent bien de l'industrie du mari et font partie de la communauté sur le fondement de l'article 212 du Code de la famille, comme d'ailleurs le veut l'essence du nouveau régime légal, qui est communautaire. La Cour suprême a tranché le débat doctrinal qui s'était engagé à ce sujet. En effet, l'article 177 du Code de la famille précise que chacun des époux perçoit ses gains et salaires et peut en disposer librement après s'être acquitté des charges du mariage, ce qui suppose qu'ils ne deviennent communs que s'ils sont employés en tant que tels, alors que l'article 212 décide clairement que la communauté se compose des acquêts provenant de leur industrie personnelle. C'est-à-dire notamment de leurs gains et salaires.

La Cour suprême a décidé que les gains et salaires font immédiatement partie de la communauté, dès leur acquisition, l'article 177 ne réglant qu'une question de pouvoirs et non de composition de la communauté. La conséquence, c'est notamment que les créanciers envers lesquels la communauté est tenue du chef d'un époux peuvent saisir-arrêter les salaires de son conjoint. C'est le cas, notamment, pour les dettes délictuelles de la femme.

2° Ceux qui proviennent de fruits et revenus des biens propres.

Nous verrons plus loin que, sous le régime légal, les époux conservent la libre disposition de leurs biens propres (sous l'ancien régime, le mari administrait les propres de sa femme). Mais tous les fruits et revenus des biens propres ne sont pas communs, ce sont seulement ceux qui ont été économisés qui tomberont en communauté. Là aussi la plus grande liberté est laissée aux époux, dont la seule obligation est de contribuer aux charges du ménage ; là aussi les époux, et la femme aussi bien que le mari, ne laisseront pratiquement à la communauté que ce qu'ils voudront bien ne pas dépenser (quoique l'on puisse prétendre qu'un emploi abusif et égoïste des revenus de biens propres soit contraire à l'esprit communautaire et permette l'action de l'autre époux)[26].

Nous sommes devant une nouvelle notion : celle d'économie, car la communauté n'a plus l'usufruit des biens propres. Les acquêts faits en utilisant les fruits et les revenus de propres, s'ils sont économies et non employés, sont communs. Le mari, théoriquement, pourra les revendiquer pour être soumis à son administration, sans attendre la dissolution du régime.

Paragraphe 2. Suppression de l'usufruit de la communauté sur les biens propres

Avant la loi de 1984, la communauté bénéficiait d'un usufruit sur les biens personnels des époux que le Code de la famille a dû supprimer pour rendre effectifs les pouvoirs de la femme sur ses propres ; sinon, en effet, elle n'aurait jamais pu conserver propres les sommes provenant de la vente de ses biens personnels, même si celles-ci étaient parfaitement identifiées, et elle aurait dû remettre à son mari, chef de la communauté dès leur réception, tous les revenus de ses biens personnels ; sinon elle n'aurait jamais pu disposer que de la nue-propriété de ses biens propres, ce qui est sans aucun intérêt pratique. C'est cette suppression de l'usufruit de la communauté, qui permet aux époux de disposer effectivement de leurs revenus, d'en disposer, et dont seul le surplus non consommé et économisé devient commun.

Paragraphe 3. Les difficultés

1. Elles proviennent des larges pouvoirs des époux sur leurs propres et de la combinaison des deux notions d'acquêts et d'économie, puisque seront communs les acquêts réalisés avec les économies, les revenus non dépensés. On a pu se demander comment allait être alimentée la communauté : jusqu'à présent celle-ci n'appréhendait les revenus des propres du mari que dans la mesure où il voulait bien ne pas les consommer, et la loi de 1984 étend cette solution à la femme. La difficulté va donc être de déterminer à quel moment précis les revenus dont la femme dispose librement vont passer dans la masse

[26] H. D. Amboulou, op. cit.

commune et être administrés par le mari. Le mari ne va-t-il pas être obligé, en cas de désaccord avec sa femme de revendiquer des biens communs qui seraient restés à la disposition de celle-ci ?

La difficulté est particulièrement sensible lorsqu'il s'agit de deniers : en effet si un époux achète avec les revenus de ses propres un terrain ou un bien quelconque, pas de problème : celui-ci est un acquêt, donc est commun. Mais quand il s'agit d'argent liquide, comment va-t-on déterminer s'il est commun ou non ?

S'il fallait que l'époux utilise cet argent, l'emploie, pour qu'il y ait réellement acquêt, il suffirait alors qu'un époux laisse en banque ou à la caisse d'épargne ses économies pour en priver la communauté, jusqu'à sa dissolution du moins. Le problème devrait être tranché dans un sens favorable à l'esprit communautaire : une fois les dépenses personnelles des époux payées et la contribution aux charges du ménage assurée, tout le surplus devrait être considéré comme commun qu'il ait eu ou non emploi effectif et même s'il subsiste sous la forme d'argent liquide.

2. Notons qu'en ce qui concerne les rapports des époux avec les tiers, ceux-ci n'auront jamais à se préoccuper de savoir si l'argent provenant de revenus propres est commun ou non, en raison des présomptions de propriété que nous avons vues, et qui assurent à cet égard leur sécurité. C'est seulement dans les rapports entre époux que cette question peut se poser, et elle se posera le plus souvent au moment de la dissolution du régime.

Il est permis de penser, que, dans un certain nombre de cas, et spécialement lorsque la femme exercera une profession séparée, le régime de communauté légale pourra fonctionner en fait pendant toute la durée du mariage et vis-à-vis des tiers comme un régime de séparation. Ce n'est qu'à la dissolution que les époux reconstitueront la masse commune, chacun d'eux devant rendre compte des revenus non consommés et des biens communs dont ils pourraient avoir conservé la disposition.[27]

Au moment de cette reconstitution, tout comme pendant la durée du mariage, sera particulièrement utile la présomption de communauté, qui veut que l'on soit obligé de prouver le caractère propre d'un bien pour le conserver.

3. En ce qui concerne, les gains et salaires des époux, il ne fait aucun doute qu'ils sont communs, mais d'une nature particulière puisque l'article 217 qui s'applique à tous les régimes matrimoniaux précise qu'après s'être acquitté des charges du ménage, chacun des époux peut en disposer librement.

Et ainsi donc, comme le texte ne prévoit aucune restriction, chaque époux semble-t-il peut en disposer librement à titre gratuit, les donner, sans être en rien limité par les dispositions du Code de la famille de l'article 217 qui interdit au mari (et à la femme sur ses biens réservés acquis avec des deniers provenant de l'exercice de sa profession séparée) de disposer entre vifs à titre gratuit des biens de la communauté sans le consentement de son conjoint. La

[27] H. D. Amboulou, op. cit.

seule condition est que ces deniers soient bien individualisés et ne se confondent par avec les deniers communs et, encore qu'ils soient utilisés sans fraude. Mais le caractère commun de ces biens fait que si l'époux peut librement en disposer, il devra en rende compte à la dissolution du mariage et, éventuellement, devoir récompense à la communauté. Ces principes ont été excellemment exposés dans une espèce qu'a tranchée récemment la Cour de Brazzaville.

Un homme marié, qui vivait en concubinage depuis dix ans, séparé de fait d'avec sa femme meurt au cours de l'instance en divorce introduite par son épouse. Il avait endossé trois chèques importants, montant de commissions que lui devait son employeur, à l'ordre de sa concubine. L'épouse et ses deux enfants assignent la maîtresse en nullité des trois donations pour cause immorale. Leur action n'est pas accueillie, car celle-ci aidait son amant dans son travail, l'accompagnait dans ses déplacements professionnels, lui avait donné des soins attentifs et efficaces à l'occasion d'un infarctus grave.

Conseil au notaire. *Les libéralités critiquées apparaissent alors « comme l'exécution d'un devoir de reconnaissance ». Ils soutiennent ensuite que le mari, en disposant de ces biens communs, a outrepassé ses pouvoirs. Non, car le mari dispose librement de ses gains et salaires même à titre gratuit ; mais « ne pouvant, à des fins personnelles, appauvrir définitivement la communauté par des donations faites à sa concubine, sa succession devra récompense à la communauté à concurrence de leur montant ».*

Mais le deuxième moyen subsidiaire est accueilli : les donations auraient porté atteinte à la réserve et il conviendra de les réduire à due concurrence ; un expert est commis à cet effet. Dans une autre espèce où un époux avait remis à sa maîtresse, non pas une somme d'argent mais des bons de caisse, il a été jugé que l'article 217 du Code de la famille n'était pas applicable, les bons de caisse étant des acquêts de communauté. Distinction bien subtile ; ainsi un époux pourrait disposer seul à titre gratuit des deniers provenant de ses gains et salaires, mais aurait besoin de l'autorisation de son conjoint dès que ceux-ci auraient été simplement placés, sous la forme d'un bon de caisse par exemple, et seraient de ce fait considérés comme des acquêts de communauté.

Paragraphe 4. La présomption de communauté et les questions de preuve

La présomption de communauté est définie à l'article 214 du Code de la famille. Tout bien meuble ou immeuble est présumé acquêt de communauté, si l'on ne peut pas prouver qu'il est propre. Nous avons vu que la notion d'acquêts liée à celle d'économie pouvait amener à une conception restrictive de la masse commune. La présomption de communauté de l'article 214 du Code de la famille va jouer exactement en sens contraire, car dans la mesure où la preuve ne pourra pas être rapportée qu'un bien est propre, il devra être considéré comme commun.

1° La question de la preuve avant la loi de 1984

Elle se posait peu sous le régime légal, puisque tous les meubles étaient en principe communs et qu'en ce qui concerne les immeubles, dont les mutations sont faites par actes notariés, la preuve est facile à rapporter. C'est donc sous les régimes de communauté conventionnels, et notamment sous celui de la communauté réduite aux acquêts, que le problème existait. Voici comme il avait été résolu :

a) Entre époux

Il fallait distinguer entre les meubles possédés au moment du mariage et ceux échus pendant le mariage :

— pour prouver que l'on possédait un meuble au moment du mariage, il fallait un écrit. On n'imposait pas un acte notarié : tout écrit, quel qu'il soit, était suffisant. Mais la preuve idéale restait la mention détaillée des apports de chacun des époux dans le contrat de mariage ;

— pour prouver la possession d'un meuble échu pendant le mariage, la situation du mari était différente de celle de sa femme : il était obligé de produire un inventaire ou un acte authentique, alors que la femme pouvait prouver sa propriété par tous les moyens, y compris la commune renommée.

b) Vis-à-vis des tiers

Depuis une loi française de1924, la femme pouvait prouver sa propriété selon le droit commun. Mais ni les tribunaux ni les auteurs n'étaient d'accord sur la signification de ces termes. C'était une question de cas d'espèce, et l'on avait tendance à exiger un écrit, sauf s'il s'agissait de prouver la possession matérielle du bien (soit la sienne propre, soit celle de la personne dont on en avait hérité).

2° La preuve sous la loi du 17 octobre 1984

a) certains avaient demandé que les époux aient la possibilité de prouver leur propriété par tous les moyens. Ceci a été refusé, et pour deux raisons :

— pour renforcer la sécurité des tiers : si la femme peut trop facilement reprendre des biens prétendus propres cela diminuera le gage des créanciers de la communauté : d'autre part, les époux pourraient organiser eux-mêmes la fraude de leurs créanciers en trouvant des témoins complaisants qui diront que tel bien est propre à la femme (et les créanciers seraient très souvent désarmés, car, pour prouver le contraire, même par témoignage, il faudrait qu'ils soient très au courant de la vie du ménage) ;

— pour éviter la multiplication des possibilités de contentieux entre les époux eux-mêmes.[28]

Paragraphe 5. Le principe est qu'il faut un écrit

Ce pourra être évidemment un inventaire ou une preuve préconstituée, comme une déclaration de remploi de propre. A défaut on pourra admettre très largement tout écrit quel qu'il soit : factures, bordereaux de banque, registres domestiques, lettres, titres de famille[29]…

a) mais est-ce à dire qu'en vertu de cette présomption, le notaire chargé de la liquidation de la communauté devra demander que, pour chaque bien prétendu propre les époux rapportent par écrit la preuve de leur propriété, et qu'à défaut il lui faudra considérer automatiquement le lien comme étant commun ? Pas du tout, car la preuve écrite ne sera exigée que s'il y a contestation d'un des époux ou de ses héritiers. En l'absence de contestation le notaire procédera comme par le passé.

b) Enfin dans certains cas, la preuve par écrit pourra être écartée, et le juge aura alors la possibilité d'admettre la preuve par témoignage ou présomption. Ce sont des cas où, « l'un des époux a été dans l'impossibilité matérielle ou morale de se procurer un écrit ». Ce sera le cas notamment chaque fois que l'un des époux aura laissé à l'autre le soin d'agir en ses propres, lorsqu'elle lui aura laissé encaisser une succession à elle échue et n'aura pas eu, par la force des choses, la possibilité de conserver une preuve écrite.

En résumé, l'actif de la communauté, sous le régime conventionnel, ne comprendra plus que la partie non consommée de leurs gains et salaires ainsi que les revenus de leurs propres, qu'il y ait acquêt ou non. Mais tous les biens étant présumés communs, s'ils veulent revendiquer l'un d'eux comme propre, aussi bien à l'égard des tiers que vis-à-vis de leur conjoint, les époux devront, en règle générale, exhiber l'écrit qu'exige le Code de la famille comme moyen de preuve.

Exemple pratique : le livret de caisse d'épargne

Les caisses d'épargne, depuis la loi du 17 octobre 1984, considéraient que le livret ouvert au nom d'un époux marié sous un régime de communauté était un bien propre. En conséquence, elles refusaient généralement de communiquer le montant écrit sur le livret du conjoint survivant au notaire chargé de la liquidation de la communauté. Cette pratique créait des difficultés, et le ministre de la Justice a rappelé que les sommes déposées sur un livret par des époux communs en bien étaient en principe des biens communs du fait de la présomption de communauté édictée par l'article 214 du Code de la famille. Ce qui n'empêche pas chaque époux d'en avoir la libre

---

[28] Article 226 du Code de la famille

[29] H. D. Amboulou, op. cit.

disposition. Mais, à défaut de preuve contraire produite par le survivant, les sommes inscrites sur son livret doivent être considérées comme étant communes.[30]

SECTION 2. L'ACTIF DES PATRIMOINES PROPRES

Chacun des époux conserve la pleine propriété de ses biens propres. Le patrimoine de chacun des époux se composera de tous les biens meubles et immeubles possédés par les époux avant le mariage et de tous ceux qu'ils acquerront par la suite à titre gratuit. Mais il comprendra également toute une série de biens qui ne font pas partie de ces deux catégories.

Paragraphe 1. Les propres par nature

C'est l'article 213 du Code de la famille qui définit les biens propres.

Seront propres, même acquis pendant le mariage :

— les objets strictement personnels aux époux, tels que leurs vêtements et linge, les instruments de travail nécessaires à l'exercice de la profession. Ce sera le cas également des souvenirs de famille ;

— les créances et pensions incessibles telles que les pensions alimentaires dues à un époux en vertu de la parenté ou de l'alliance, les pensions de la Légion d'honneur… ;

— et, d'une manière générale, tous les droits exclusivement attachés à la personne comme les pensions les rentes payées à la suite d'un accident du travail, les réparations payées à la suite d'un accident corporel.

Notons ici que le bénéfice d'une assurance-vie contractée par un époux au bénéfice de son conjoint reste propre à celle-ci, même si c'est la communauté qui en a payé les primes (si le montant des primes est manifestement exagéré eu égard à la fortune des époux, la communauté pourra cependant prétendre à une récompense).

Le capital versé au survivant ne fera pas partie, du point de vue civil, de la succession de l'assuré et sera à l'abri des poursuites des créanciers du défunt.

La Cour suprême a admis la même solution dans le cas d'une assurance individuelle contre les accidents souscrite par l'un des époux, et décidé que la somme perçue au titre de son dommage corporel constituant un bien propre, que les primes payées devaient être regardées comme une charge résultant du mariage pour lesquelles aucune récompense n'était due de la communauté dans la mesure où elles n'étaient pas exagérées. L'assurance-vie peut rendre de réels services, car elle assure au survivant un minimum de ressources lui facilitant ainsi le paiement des droits de succession et la reprise éventuelle d'élément importants de l'actif.

[30] H. D. Amboulou, op. cit.

Paragraphe 2. Les propres en raison de leur origine

Toute une série de biens va également rester propre, mais en raison non plus de leur nature mais de leur origine.

1° Bien légués ou donnés à la communauté : ils sont communs

Que ce soit de façon directe quand la libéralité a été faite en stipulant que les biens qu'elle vise appartiendront à la communauté, ou indirecte quand elle est faite aux deux époux conjointement. Cependant, dans ce dernier cas, il est possible de préciser que le bien donné ne fera pas partie de la communauté, mais appartiendra en propre à chacun des époux par moitié. Mais tous les biens acquis à titre gratuit par les époux (par succession, donation, legs…) leur restent propres.[31]

2° Biens acquis à la suite d'un arrangement de famille

Le bien abandonné ou cédé à l'un des époux par ses père, mère, ou tout autre ascendant, restera propre, bien qu'acquis à titre onéreux dans les deux cas suivants :

— s'il s'agit d'une dation en paiement, c'est-à-dire si le bien est cédé par l'ascendant pour éteindre une créance que son descendant avait contre lui ;

— si le bien est cédé, à charge par le descendant de payer les dettes que l'ascendant donateur avait envers des tiers.

3° Accessoires d'un bien propre

a) la jurisprudence a toujours considéré que les constructions édifiées sur un terrain propre restaient propres (sauf récompense évidemment), mais on exigeait un lien physique pour que joue la théorie de l'accession : par exemple une maison construite sur un terrain. Mais on ne l'applique pas lorsque les terrains, les immeubles sont simplement contigus à un propre. Ils restent communs aussi bien que, par exemple, les dépendances d'une exploitation industrielle propre acquise pendant le mariage. Pour pallier cet inconvénient et éviter à la dissolution le morcellement éventuel des domaines et des exploitations, la pratique notariale avait inventé *la clause d'annexe de propre*, qui permettait aux époux, moyennant indemnité à verser à la communauté, de reprendre les biens accessoires à un bien propre. La loi de 1984 prévoit le cas des biens acquis à titre d'accessoires d'un bien propres, en précisant qu'ils forment des propres.

On pourrait penser qu'il s'agit là de la conséquence de la clause d'annexe de propres, mais il n'en est rien. La notion d'accessoire de propre résulte de la règle traditionnelle de l'accession bien établie par le Code de la famille, et qui exige que le bien nouveau ait été incorporé au bien propre à la dissolution. La

[31] Article 213 du Code de la famille

notion d'annexes de propre est, elle, beaucoup plus floue. Lorsque les époux l'adoptent par contrat de mariage, ils prévoient généralement sur quels biens précis fonds de commerce, exploitation industrielle, domaine agricole… elle devra jouer et jeter l'incertitude sur la composition respective des patrimoines propres et communs pendant le mariage.

Mais, nous le verrons plus loin, les dispositions du Code de la famille vont permettre cependant qu'à la dissolution le conjoint propriétaire d'un immeuble propre auquel un immeuble commun a été annexé puisse se le faire attribuer par imputation sur sa part ou moyennant le paiement d'une soulte. Les conséquences pratiques sont importantes :

— tout bien accessoire d'un propre sera considéré automatiquement comme propre dès son acquisition et échappera en conséquence à la saisie des créanciers communs ; en vertu de la théorie de l'accession, on considérera que la plus-value acquise par un fond de commerce propre sera propre ; que l'outillage d'une exploitation propre sera également propre ;

— le bien annexe de propre, lui, restera commun, il ne sera jamais considéré comme propre. Ce n'est qu'à la dissolution que l'époux propriétaire de l'immeuble (et de l'immeuble seulement, pas de n'importe quel bien) auquel un immeuble commun a été annexé aura la faculté de le faire attribuer en payant le prix estimé au jour de sa demande.

a) le Code de la famille est précieux également en ce qui concerne les valeurs mobilières, et permet de trancher sans difficultés bien des cas litigieux. En effet, les tribunaux avaient eu à se préoccuper du problème sous l'ancienne communauté réduite aux acquêts. La jurisprudence avait décidé que tous les produits extraordinaires : lots, primes, provenant de valeurs propres, restaient propres aussi bien que les actions distribuées gratuitement (même si la distribution était faite par capitalisation de bénéfices mis en réserve, bénéfice qui, normalement distribués auraient été en conséquence communs).

Lorsqu'il s'agissait d'actions nouvelles souscrites à l'aide d'un droit préférentiel attaché à des actions propres, pas de problème non plus si la souscription avait été faite avec des actions des deniers propres. Mais les difficultés et les flottements jurisprudentiels commençaient lorsque c'était la communauté qui avait fourni les fonds nécessaires à la souscription :

— quelques décisions disaient que l'action nouvelle, qui n'était que l'accessoire d'un propre restait elle-même propre (sauf récompense à la communauté, évidemment) ;

— d'autres, que l'action nouvelle sera commune si le montant des fonds fourni par la communauté était supérieur à la valeur du droit de souscription propre (sauf récompense dans ce cas due par la communauté).

C'est à cette dernière solution, tendant à rattacher l'action nouvelle au patrimoine qui avait fourni la plus grande part dans l'acquisition, que se rallièrent le plus fréquemment les tribunaux. Désormais, en vertu du Code de la famille, ils ne pourront plus hésiter et devront déclarer propres tous les produits, quels qu'ils soient, de valeurs mobilières propres (à l'exception évidemment des dividendes et intérêts économisés).[32]

4° Biens dont l'un des époux est propriétaire par indivis

Si la communauté acquiert une nouvelle portion de ces biens, ou même la totalité de ceux qui n'étaient pas possédés par l'époux déjà propriétaire indivis, le nouveau bien acquis sera avant le Code de la famille propre, sauf évidemment récompense due à la communauté.

Cette règle rend de grands services pratiques chaque fois qu'à l'occasion du règlement d'une succession un héritier rachètera à ses cohéritiers leur part sur bien (meuble ou immeuble) déterminé. Il faut noter que, la femme possédait une option : ou bien elle abandonnait sa part indivise à la communauté qui devrait lui en payer le prix, ou bien elle exerçait ce qu'on appelait le *retrait d'indivision*, qui lui permettait de conserver comme propre la portion indivise achetée par la communauté (en lui remboursant ses dépenses). Cette possibilité d'option est supprimée par le texte nouveau, et la nouvelle portion acquise, dans un bien où l'un des deux époux était déjà propriétaire indivis, sera propre.[33]

5° Biens acquis à la suite d'une opération d'échange, d'emploi ou de remploi

Les biens qui sortent du patrimoine propre d'un époux peuvent être remplacés par d'autres, qui, sous certaines conditions, prendront leur lieu et place. On dit qu'ils leur sont subrogés. Cette notion importante permet qu'au cours de la vie commune soit respectée l'intégrité des patrimoines respectifs des deux époux. C'est par l'effet de la subrogation réelle que les créances et indemnités qui remplacent des propres seront-elles-mêmes propres ; mais ce sont surtout les opérations d'échange, d'emploi ou de remploi qui présente une grande importance pratique.[34]

a) L'échange

Le nouveau bien acquis par suite d'un échange contre un bien propre d'un des époux est lui-même propre. En pratique, il est très rare que les biens échangés aient la même valeur ; il y aura toujours une différence à compenser par le versement d'une soulte. Les difficultés commencent lorsque, la valeur de l'immeuble échangé, la communauté a dû verser une soulte et que celle-ci est d'un montant égal ou supérieur à la valeur du bien originaire échangée. La jurisprudence avait, avant le Code de la famille, tendance à décider que le bien serait propre pour la partie correspondant à la valeur du bien échangé sorti du

---

[32] H. D. Amboulou, op. Cit.
[33] H. D. Amboulou, op. cit.
[34] H. D. Amboulou, op. cit.

patrimoine de l'époux, et commun pour la partie correspondant à la soulte versée par la communauté. C'était peut-être équitable, mais créait en tout cas des situations compliquées et difficiles.

Le Code de la famille tranche définitivement la difficulté et de la façon suivante :

— si la soulte versée par la communauté est inférieure à la valeur du bien cédé, le nouveau bien reçu ou échangé est propre, et l'époux doit récompense à la masse commune ;

— au contraire, si la soulte est supérieure à la valeur du bien cédé, le nouveau bien sera commun, et c'est alors la communauté qui devra récompense à l'époux.

b) L'emploi et le remploi

L'emploi est l'utilisation d'argent propre à l'acquisition d'un bien, qui lui-même sera propre. Le remploi est l'opération par laquelle les deniers provenant de la vente d'un bien propre sont utilisés à l'acquisition d'un nouveau bien (meuble ou immeuble), qui sera déclaré propre.

SECTION 3. CONDITIONS DE VALIDITÉ

Pour que l'emploi ou le remploi soit régulièrement fait, il est nécessaire que l'époux acquéreur du bien nouveau déclare que l'achat est fait au moyen de deniers propres (dans le cas d'un emploi) et pour tenir lieu d'emploi ou de remploi.

Il semble qu'il faille écarter tout formalisme excessif en ce domaine. C'est du moins ce qui ressort d'un arrêt de la Cour suprême dans l'espèce suivante :

Le syndic chargé de la liquidation de biens du mari tentait d'augmenter l'actif des créanciers en faisant déclarer commun un fonds de commerce acheté auparavant par la femme en emploi de deniers correspondant à une indemnité d'assurance touchée par elle en réparation d'un accident dont elle avait été victime, deniers incontestablement propres. Le syndic soutenait qu'il n'y avait pas eu emploi, les termes « deniers propres » et « emploi ou remploi », n'ayant pas été employés dans l'acte d'acquisition du fond de commerce.

Le pourvoi du syndic est rejeté car la Cour d'appel « a trouvé dans l'acte des formules impliquant la reconnaissance de l'origine des deniers, l'intention de faire emploi, et l'acceptation de celui-ci » et a justifié sa décision déclarant le fonds propre à la femme. Même absence de formalisme dans une espèce où le mari vend un immeuble propre et transforme les deniers reçus de son acquisition en bon de caisse ; il est en instance de divorce et son épouse prétend que ces bons de caisse doivent faire partie de la communauté, car son mari n'a pas fait de déclaration d'emploi au moment de leur achat. Non, répond la Cour, les bons de caisse représentatifs de deniers propres sont eux-mêmes propres, même en l'absence d'observation des formalités de l'article 1434 du Code civil relatif à l'emploi.

Conseil au notaire. *Cette double déclaration doit être portée dans l'acte d'acquisition même, et dès lors le remploi (ou l'emploi) est censé fait. Si elle a été omise, ou faite de façon incomplète, l'emploi (ou le remploi) est toujours possible, mais il faut alors l'accord des deux époux (qui sera donné postérieurement à l'acte d'acquisition). La double déclaration n'est pas seulement un mode de preuve, elle reste une condition de fond de l'emploi ou du remploi, lors même que, depuis la loi du 17 octobre 1984, l'époux qui aliène un bien n'a pas à en remettre le produit à la communauté.*

Un tel emploi ou remploi a posteriori produit ses pleins effets dans les rapports réciproques des époux, mais il ne sera valable à l'égard des tiers, qui pourront considérer le bien comme commun et le saisir éventuellement en tant que tel. Mais le remploi peut aussi être fait par anticipation : un époux achète d'abord un bien nouveau en déclarant qu'il servira de remploi à un bien dont l'aliénation n'aura lieu qu'ultérieurement. Cette opération là sera, elle, opposable aux tiers qui auront été avertis de la qualité propre du bien nouveau par la mention portée dans l'acte d'acquisition.

Cas pratique

Deux époux avaient acheté des actions nominatives ; par la suite, ils avaient vendu un immeuble. Quelque temps après, ils décidèrent que les actions seraient affectées au remploi de l'immeuble vendu, cette opération, qui combinait à la fois le *remploi par participation*, puis que les actions avaient été achetées avant la vente de l'immeuble, et le *remploi à retardement*, puisque c'est par la suite seulement que le remploi fut décidé, a été jugé valable par le tribunal de grande instance de Pointe-Noire.

Conseil au notaire. *Dans les opérations d'emploi et de remploi, il peut arriver, tout comme dans les opérations d'échange, que le prix du bien nouveau acquis excède la somme qui doit être employée ou remployée. Il y a donc lieu à soulte, fournie le plus souvent par la communauté si le montant de la soulte (donc de la récompense) est supérieur à la moitié du prix, le bien nouveau sera commun, et la communauté devra, elle, récompense à l'époux. La question se pose de savoir si ces dispositions, qui sont valables pour tous les époux s'imposent à eux. Il semble qu'il faut distinguer entre le cas où le montant des deniers propres est supérieur à celui de ceux qui ont été fournis par la communauté, dans ce cas, le bien peut rester partiellement commun si l'époux acquéreur le désire, le remploi n'étant pas une obligation et les tiers ne pouvant pas être lésés. Par contre, dans le cas où le montant des deniers communs est supérieur à la moitié du prix, le bien pourrait être déclaré partie propre, partie commun, ce que serait valable entre époux mais serait inopposable aux créanciers de la communauté.*

SECTION 4. REMPLOI D'UN PROPRE DE LA FEMME

La loi du 17 octobre 1984 a maintenu intégralement les dispositions antérieures du Code civil qui réglementaient le cas de l'emploi d'un propre de la femme fait par le mari : la simple déclaration du mari que l'acquisition est faite des deniers de la femme et pour lui servir d'emploi ou de remploi est insuffisante ; elle doit y consentir ultérieurement par une déclaration écrite et formelle. Elle dispose des délais les plus longs, puisqu'elle peut le faire jusqu'à la liquidation définitive de la communauté. Mais la femme a intérêt, si l'opération lui semble intéressante, à accepter le plus vite possible l'emploi ou le remploi.

Nous voyons un nouvel exemple du réalisme des auteurs de la loi du 17 octobre 1984 : la femme est capable, elle gère son patrimoine propre elle peut donc seule décider d'employer ou ne pas employer ses deniers propres, et l'intervention du mari est juridiquement inutile. Mais il est vraisemblable que, malgré la loi, un certain nombre de femmes laisseront dans ce domaine toute liberté à leur mari : la loi maintient donc en faveur la protection dont elles bénéficiaient avant la réforme, bien qu'en toute logique celle-ci aurait dû être supprimée. Nous reviendrons sur cette question en étudiant les pouvoirs respectifs des époux, et plus particulièrement les cas où le mari sera responsable du défaut d'emploi ou de remploi des propres de sa femme. L'emploi et le remploi, ne l'oublions pas sont facultatifs sous le régime conventionnel.

Conseil au notaire. *Ces opérations sont d'un grand intérêt pratique, car tout bien acquis en emploi ou remploi de deniers propres pourra être repris en nature par son propriétaire s'il existe encore au moment de la dissolution du régime. Ce qui est toujours préférable nous le verrons à la possession d'une simple créance sur la communauté, dont la valeur risque d'être sensiblement réduite par l'érosion monétaire. C'est pourquoi il faut toujours conseiller aux époux l'emploi ou le remploi rapide de tous les biens aliénés.*

Baux ruraux. Il faut dire un mot des baux ruraux qu'une jurisprudence ancienne et réitérée de la Cour suprême considère comme des biens propres, car le bail rural « strictement incessible et personnel, n'entre pas en communauté » ; de plus, il est selon la Cour suprême, dépourvu de toute valeur patrimoniale, la loi interdisant toute cession à titre onéreux.

Mais la loi est souvent violée, car il est bien certain qu'un bail rural peut représenter une grosse valeur pour celui qui en est titulaire et sa famille. La position de la Cour suprême est donc empreinte d'un certain formalisme. Il faut signaler, d'autre part, qu'une disposition du Code rural, calquée sur celle protégeant le logement de la famille, précise qu'en cas d'exploitation commune l'époux titulaire du bail ne peut sans le consentement exprès de son conjoint en accepter la résiliation, le céder ou s'obliger à ne pas en demander le renouvellement ». Retenons que le bail rural est un bien propre, aussi bien dans l'ancien que dans le nouveau régime de communauté légale et que des problèmes peuvent naître notamment à la dissolution du mariage, quand un époux est seul titulaire du bail, et surtout en cas d'exploitation commune.[35]

SECTION 5. LE PASSIF DE LA COMMUNAUTÉ

a) la logique aurait voulu qu'une correspondance absolue existât entre l'actif et le passif de la communauté, chaque patrimoine étant responsable des dettes qu'il contracte, à l'exclusion des deux autres. Ce parallélisme n'est pas respecté, en raison notamment des pouvoirs inégaux des époux : le mari reste le chef de la communauté, qu'il peut engager, et, en principe, tout créancier du mari a une action sur la communauté, et réciproquement.

b) une double question se pose à propos du passif commun :

— entre époux, il faut savoir quel patrimoine sera en définitive tenu de la dette ; ce ne sera pas toujours celui qui l'a acquittée ;

— dans les rapports des époux et des créanciers, il faut déterminer sur quel ou quels patrimoines ceux-ci pourront se faire payer. Un créancier aura, la plupart du temps, le droit de saisir un patrimoine autre que celui qui, dans les rapports entre époux, aura la charge définitive de la dette. On dit dans ce cas que le *patrimoine est grevé d'un passif provisoire, mais non pas définitif.*

La question du passif commun est très complexe. Nous passerons en revue les principales catégories de dettes.

Paragraphe 1. Dettes antérieures au mariage et grevant successions et libéralités

Les dettes des époux avant le jour du mariage, tout comme celles dont se trouvent grevées les libéralités et successions qui leur échoient durant le mariage, leur restent personnelles, aussi bien en capital qu'en intérêts. La conséquence pratique est que les créanciers des époux peuvent, dans ce cas, poursuivre le recouvrement de leurs créanciers exclusivement sur le patrimoine propre de leur débiteur.

Ce principe souffre une exception : ils auront également la possibilité de saisir les biens communs si le mobilier qui appartenait à leur débiteur au jour du mariage ou celui qui leur est advenu par succession ou libéralité a été confondu avec le patrimoine commun et ne peut plus être identifié. Les époux ont donc réciproquement intérêt à faire soigneusement l'inventaire, aussi bien du mobilier dont ils sont propriétaires au jour du mariage que de celui qui leur est par la suite donné ou dont ils héritent. De cette façon, la communauté sera à l'abri des poursuites de leurs créanciers personnels. Si aucun inventaire n'a été fait, les époux pourront encore prouver par tout écrit admis par la loi : papier domestique, factures…, leur propriété personnelle afin que leur

[35] H. D. Amboulou, op. cit.

mobilier puisse être identifié et échappe à la présomption de communauté qui frappe tous les biens des époux.[36] Mais rien ne vaut un bon inventaire, qui évite toute discussion.

Paragraphe 2. Dettes du mari pendant le mariage

Le principe est que les créanciers personnels du mari peuvent poursuivre le recouvrement de leurs créances sur les biens communs quelle que soit la cause de la dette. Ces dettes sont réglées par l'article 218 du Code de la famille. Il n'en serait autrement que si l'on pouvait démontrer qu'il y a fraude du mari et mauvaise foi du créancier, donc collusion entre le mari et son créancier pour léser la femme. Le mari peut ainsi, pour toutes les dettes qu'il contracte, indirectement, engager le passif de la communauté, ce qui n'est pas sans danger pour la femme ; car les victimes d'un délit du mari peuvent poursuivre la communauté.

Une simple séparation de fait ne met évidemment pas fin à l'application de ce principe.

Cas pratique

En 1998, une femme est victime d'un grave accident d'automobile dont son mari est reconnu responsable ; les époux divorcent peu après en 2000 et, à cette occasion, la Cour décide que les sommes dues à l'épouse en réparation du dommage subi par elle du fait de son mari constituent un bien propre dont son ex-conjoint est seul redevable, et uniquement sur ses biens propres personnels.

La Cour suprême approuve et, le mari doit supporter seul le poids définitif de la dette. Avant le Code de la famille, au contraire, les dettes délictuelles et quasi délictuelles du mari faisaient partie du passif de la communauté. Au contraire, sous l'empire de la loi du 17 octobre 1984, le mari en supporte seul le poids définitif, ce qui n'exclut pas que la communauté, à titre provisoire, ne puisse pas être éventuellement mise en cause. Mais les créanciers du mari ne sauraient saisir les biens réservés (qui, nous le rappelons, sont communs), si la dette n'a pas été contractée par lui pour l'entretien du ménage et l'éducation des enfants.

Paragraphe 3. Dettes de la femme pendant le mariage

Le principe est qu'elle n'engage pas la communauté, mais seulement ses propres et naturellement ses biens réservés. Ce principe souffre quatre exceptions, où les créanciers de la femme pourront poursuivre la communauté :

---

[36] Voir à ce sujet paragraphe 4 la question de la preuve

a) naturellement, si l'engagement contracté par elle l'a été pour l'entretien du ménage ou l'éducation des enfants.

b) si l'engagement pris par elle est de ceux qui se forment sans convention. Cela vise essentiellement la responsabilité civile des articles 1382 et 1384 et la réparation des dommages causés aux tiers ainsi que les cas de gestion de l'affaire d'autrui (qu'une fois entreprise on s'engage tacitement à mener à bien jusqu'à ce que le propriétaire ou ses héritiers soient capables d'y pourvoir eux-mêmes).

Une controverse est née sur le point de savoir si les créanciers pouvaient poursuivre sur la communauté le recouvrement des dettes délictuelles et quasi délictuelles de la femme, pour des actes postérieurs à l'entrée en vigueur de la loi du 17 octobre 1984, quelle que soit la date de son mariage. Les tenants de cette thèse soutenaient que la loi nouvelle s'appliquant à tous les époux en ce qui concerne l'administration des biens communs et des biens propres, il fallait entendre la notion d'acte d'administration dans le sens large de gestion ;qu'au surplus la loi accroît les pouvoirs de la femme et que la conséquence en est qu'elle peut engager la communauté. Ce n'est pas cette thèse qui a été approuvée par la Cour suprême, car une dette délictuelle n'a aucun rapport avec la gestion d'un patrimoine et que « l'article 1414 du Code civil qui permet aux créanciers extra contractuels de la femme de poursuivre leur paiement sur les biens communs ne concerne pas l'administration desdits biens » et ne peut pas être appliqué à des personnes mariées avant l'entrée en vigueur de la loi.

En conséquence, la femme n'engage la communauté pour ses dettes délictuelles et quasi délictuelles que si elle s'est mariée postérieurement à la date d'entrée en vigueur de la loi nouvelle fixée au 1er janvier 1985 (sauf si par déclaration conjointe : les époux ont décidé de se placer sous son empire).

La femme mariée avant le 1er février 1985, même pour des actes accomplis postérieurement à cette date, n'engagera pas la communauté par ses actes délictuels ou quasi délictuels.

La solution, si elle est très juridiquement fondée a quelque chose de choquant pour la victime de la femme qui, selon la date du mariage, pourra ou non réclamer des dommages et intérêts à la communauté. Et l'on peut regretter à nouveau que le législateur n'ait pas pu carrément décider que la loi nouvelle, par définition supérieure à l'ancienne, s'appliquerait immédiatement ce qui aurait évité des arrêts comme celui-ci et des solutions aussi peu conformes à l'esprit de la loi du 17 octobre 1984.

a) si la femme a contracté un engagement avec le consentement de son mari : dans ce cas, les créanciers pourront poursuivre, non seulement la communauté, mais aussi le patrimoine propre du mari. Cette disposition a pour but d'empêcher la manœuvre d'un mari qui fait contracter (avec son consentement) par la femme une obligation à laquelle il est en réalité lui-même intéressé et exerce une activité professionnelle sous son nom. Elle renforcera la sécurité des tiers qui auront dans ce cas le droit de poursuivre les trois patrimoines.

b) enfin, si la dette a été contractée avec habilitation de justice dans le cas prévu par l'article 173 du Code de la famille, qui permet de passer outre au refus du mari ou à son incapacité de manifester sa volonté. Mais, dans ce cas-là, le patrimoine du mari n'est pas engagé, comme c'est le cas lorsqu'il a donné volontairement son consentement à l'engagement de sa femme.

Paragraphe 4. Cas spécial de la femme exerçant une profession séparée

Le choix de la profession des époux est défini à l'article 175 du Code de la famille. Le principe est le même : elle n'oblige, par ses engagement professionnels que son patrimoine propre et ses biens réservés. Mais ce principe souffre d'importantes exceptions :

— d'abord dans le cas où le mari donne son accord à l'acte passé par la femme : Voir dans la section, la portée des engagements de la femme, une application intéressante de cette première exception ;

— ensuite, si le mari, en l'absence même de tout accord, s'est ingéré dans l'exercice de la profession de sa femme. On veut éviter qu'un mari puisse gérer lui-même un commerce qu'il aurait pris sous le nom de sa femme. Cela va également dans le sens de la sécurité des tiers qui seront protégés contre les manœuvres frauduleuses éventuelles du mari ;

— enfin, lorsque le mari aura donné son accord exprès à l'exercice de la profession commerciale de la femme et que celui-ci sera mentionnée au registre du commerce et du crédit mobilier. Le mari cautionne en quelque sorte sa femme, et il est normal qu'il soit responsable de ses dettes (voir à ce sujet la partie les commerçants et le mariage).

Dans ces trois cas, les créanciers peuvent poursuivre le recouvrement de leurs créances nées des engagements professionnels de la femme sur les trois patrimoines : propre de la femme, propre du mari et communauté. Renforçant également le crédit de la femme exerçant une profession séparée.

Ainsi le Code de la famille, dans le souci évident de protéger les tiers introduit d'importantes exceptions aux règles générales précisant les droits de poursuite des tiers, et qui sont les suivantes :

— dette entrée en communauté du chef d'un seul époux ne peut pas être poursuivie sur les biens propres de l'autre (il faudrait, pour que cela soit possible qu'il y ait solidarité entre les époux) ;

— lorsque l'un des époux ne fait que donner son consentement à l'obligation de l'autre, c'est seulement du chef de celui-ci que la dette entre en communauté : cela reste pleinement valable pour la femme donnant son consentement à son mari, lorsqu'il est nécessaire, et qui n'engage pas, de ce fait, son patrimoine propre. Mais, nous venons de le voir, ce n'est pas le cas du mari, dont le simple consentement vaut engagement solidaire, puisqu'il permet aux créanciers de poursuivre son propre patrimoine.

Cela illustre une fois le réalisme du Code de la famille, qui tient compte des faits et de la position prépondérante que continuera d'avoir le mari, dans bien des cas, dans la direction des affaires du ménage.

Paragraphe 5. Les récompenses

Les règles énoncées ci-dessus font que, dans bien des cas, la communauté pourra être poursuivie pour des dettes qui ne seront pas définitivement à sa charge. Elle ne les paye que provisoirement, mais dans les rapports entre époux il y aura lieu à récompense si la dette n'était pas due définitivement par la communauté. Ce sera le cas notamment :

— lorsqu'elle aura acquitté la dette personnelle d'un des époux ;

— lorsque l'engagement avait été contracté dans l'intérêt personnel d'un des époux, comme par exemple, pour acquérir, améliorer, et même conserver un bien propre ;

— lorsqu'elle a payé pour des époux, les amendes encourues en raison d'infractions spéciales ou, les indemnités et dépenses réglées en réparation des délits ou quasi-délits civils ;

— lorsque la dette qu'elle a acquittée avait été contractée par l'un des époux au mépris des devoirs que lui imposait le mariage : ce serait le cas, par exemple, d'une pension alimentaire versée à un enfant adultérin.

CHAPITRE II

L'ANCIENNE COMMUNAUTÉ LÉGALE OU COMMUNAUTÉ DE MEUBLES ET ACQUETS

Les règles de la communauté légale ne s'appliquent pas automatiquement aux époux s'étant mariés sans contrat avant l'entrée en vigueur de la loi du 17 octobre 1984, c'est-à-dire avant le 1er février 1985. Il a bien été prévu, et nous le verrons, que tous les époux mariés sans contrat seront soumis sans exception au droit nouveau en ce qui concerne l'administration des biens communs, des biens réservés et des biens propres.[37]

Mais la composition des patrimoines des époux mariés sous l'ancien régime légal demeure inchangée s'ils n'ont pas volontairement manifesté leur désir de se placer sous les dispositions du nouveau régime en faisant dans les six mois de l'entrée en vigueur de la loi une déclaration commune notariée. Le plus grand nombre des époux mariés sans contrat avant le Code de la famille, faute d'avoir accompli, par ignorance ou par négligence, les formalités imposées par la loi restent régis par les anciens textes du Code civil en ce qui concerne la composition de leurs patrimoines. C'est pourquoi il nous a semblé utile de rappeler ici l'essentiel des règles en la matière sous l'ancienne communauté légale, tout au moins dans la mesure où elles diffèrent de celles que nous venons de passer en revue.

SECTION 1. ACTIF DE LA COMMUNAUTÉ

Le principe est que la communauté comprend tous les meubles ainsi que les immeubles acquis pendant le mariage à titre onéreux. Tous les biens des époux sont présumés communs, et pour revendiquer un bien comme propre, il faut prouver qu'il l'est en raison, soit de son origine, soit de sa nature.[38]

---

[37] H. D. Amboulou, op. cit.
[38] H. D. Amboulou, op. cit.

Paragraphe 1. Les meubles communs

Les meubles sont communs en principe (voir plus loin les exceptions), qu'ils aient été acquis à titre onéreux ou gratuit, avant ou après le mariage. Les conséquences sont importantes du fait de la multiplication de la propriété mobilière incorporelle : un cabinet dentaire, un fonds de commerce, un portefeuille mobilier, sont des meubles, quelle que soit leur valeur. Examinons quelques applications particulières de ce principe :

1° Le fonds de commerce

C'est un meuble ; il tombe en communauté (ce qui ne signifie pas que le conjoint aura, lui aussi, la qualité de commerçant), et il pourra être éventuellement partagé à la dissolution, même si c'est l'époux exploitant le fonds qui est survivant (sauf son droit d'en demander l'attribution préférentielle). Complication supplémentaire pour les fonds de pharmacien (le pharmacien est un commerçant, mais doit posséder un diplôme pour exercer sa profession). La valeur du fonds sera comprise dans l'actif commun.[39]

2° Les offices ministériels

Le titre lui-même reste propre au titulaire, mais la valeur vénale de l'office fait partie de la communauté. Supposons qu'au cours du mariage, l'office soit cédé : le prix payé par le successeur tombe dans la communauté.

Cas pratique

Un contrat de mariage de communauté réduite aux acquêts stipulait que si l'un des époux, au moment de la dissolution de la communauté, était titulaire d'un office, d'une charge, exigeant une investiture gouvernementale, cette charge ou cet office appartiendrait (à charge de récompense) de plein droit au titulaire. Il a été jugé que cette clause ne concernait pas les parts sociales de la société civile professionnelle titulaire de l'office notarial du mari. En l'occurrence, le mari avait acquis des parts d'une société civile titulaire d'un office notarial en partie à l'aide de fonds appartenant en propre à sa femme. La valeur de ses parts doit figurer dans la masse commune partageable et la femme à droit à une récompense en raison des fonds fournis par elle, calculée, selon les règles du Code de la famille.

3° Architectes, médecins, dentistes

Même solution. Le médecin, par exemple, ne peut pas céder son titre, ni sa clientèle. Mais il peut présenter celle-ci à son successeur et s'engager, pour ne pas le gêner, à ne pas se rétablir dans la même ville ou le même quartier. Le

---

[39] H. D. Amboulou, op. cit.

prix demandé en contrepartie est une valeur patrimoniale qui tombe en communauté.

Cas pratique

Un dentiste avait passé une convention de cette sorte avec son successeur. Le tribunal a rappelé que la clientèle du dentiste, fonction de considérations subjectives, demeurait attaché à sa personne et était donc hors commerce, mais en précisant, d'autre part, que la convention précitée, qui porte sur un droit mobilier de valeur patrimoniale, devait figurer dans l'actif commun et être partagé. Même solution en ce qui concerne le représentant de commerce : le droit de présentation d'un successeur, attaché au portefeuille d'un représentant de commerce, constitue une valeur patrimoniale qui doit figurer à l'actif de la communauté.

4° Propriété littéraire et artistique

Cette question est abordée dans notre ouvrage de la même collection : *Les personnes les incapacités et la filiation en droit congolais,* L'Harmattan, 2013.

a) ce qu'on appelle le droit moral de l'auteur, c'est-à-dire la faculté de divulguer l'œuvre, de fixer les conditions de son exploitation, d'en défendre l'intégrité, lui reste personnel. Il l'exerce seul (ou ses héritiers après sa mort) et peut ainsi arrêter la publication de ses œuvres sans que son conjoint puisse s'y opposer (à moins de pouvoir prouver qu'il agit ainsi pour lui nuire).

b) alors que le droit pécuniaire, c'est-à-dire les profits que l'auteur tire de la vente et de la publication de ses œuvres, est commun, qu'il s'agisse d'œuvres créées avant ou après le mariage, pour toutes les unions célébrées avant le 1er janvier 1985.

c) mais, en vertu de la loi du 11 mars 1957, pour tous les mariages célébrés après le 1er janvier 1985, les produits pécuniaires provenant de l'exploitation d'une œuvre de l'esprit ou de la cession totale ou partielle du droit d'exploitation seront soumis aux règles applicables aux meubles uniquement lorsqu'ils auront été acquis pendant le mariage.

En conséquence, ils resteront propres, tout comme les économies réalisées de ce chef, s'ils ont été acquis avant le mariage. Le législateur a ainsi créé une importante exception au principe datant du Code civil, qui veut que tous les meubles soient communs.

— si c'est elle qui est auteur, le produit de ses œuvres constituera des biens réservés soumis à sa seule administration, et qu'elle pourra conserver en renonçant à la communauté (dans la mesure où elle possède encore ce droit) ;

— si c'est son mari qui est auteur, elle aura droit, à son décès, à sa part dans la communauté. Mais, en outre, elle possédera l'usufruit du droit d'exploitation pendant 50 ans tant qu'elle ne sera pas remariée, et si son conjoint n'en a disposé par testament ou donation (cet usufruit étant réduit s'il existe des héritiers à réserve).

Cas pratiques

La question de savoir quand une œuvre tombe en communauté est délicate. Il a été jugé :

— que les œuvres terminées avant la dissolution de la communauté y restaient si l'auteur avant sa mort n'avait pas « usé de son droit de retrait ou de repentir » (détruit ou modifié son œuvre) ;

— que des tableaux qui n'avaient jamais été mis en vente ni même exposés faisaient partie de la communauté s'ils étaient achevés. Mais que, par contre, des esquisses, quelle que soit leur valeur vénale, devaient en être exclues « si elles n'étaient que l'expression provisoire d'une pensée qui cherche à se définir ».

Cette décision a été cassée par la Cour suprême, qui a estimé cette distinction arbitraire. On imaginera aisément les procès compliqués qui peuvent avoir lieu, au décès d'un auteur ou d'un artiste, entre sa femme et ses héritiers.

5° Les valeurs mobilières

Les droits des associés dans une société sont mobiliers. Les actions les parts d'intérêt, tombent en communauté, même si les statuts de la société les déclarent incessibles, même si la société possède essentiellement des immeubles. Une décision de la Cour suprême (18 juillet 1972) a beaucoup surpris ; elle concerne les parts ou les actions de sociétés donnant vocation à l'attribution d'un appartement en cas de partage ou de retrait de la société. Elles ont toujours été considérées comme étant communes et faisant partie de la communauté dès la célébration du mariage.[40] Or, la Cour suprême a décidé qu'en cas de dissolution de la société pendant la durée du mariage l'immeuble ou l'appartement attribué en toute propriété, dont les parts ou les actions donnaient jusqu'alors la jouissance, seront propres à l'époux qui en était propriétaire avant le mariage. On voit bien que c'est une raison d'équité qui a dicté l'arrêt de la Cour suprême : l'appartement possédé avant le mariage reste propre, alors que si le même appartement est représenté par des parts de société, il sera commun.[41]

Mais c'est là transporter dans le Droit civil la notion, purement fiscale, de transparence, et admettre que les parts de sociétés immobilières sont des immeubles et non des meubles. Malgré cette décision, il serait prudent de continuer à traiter ces parts ou ces actions comme elles l'ont toujours été, c'est-à-dire comme des meubles qui tombent dans la communauté.

Nous touchons là le premier inconvénient de ce régime : tous les biens meubles appartenant aux époux vont faire partie de la masse commun. Ils

---

[40] H. D. Amboulou, op. cit.
[41] H. D. Amboulou, op. cit.

seront soumis à l'administration du mari et devront être partagés à la dissolution du régime.

Essayons, par quelques exemples concrets de dégager les conséquences possibles de cette règle en cas d'union de courte durée :

— une femme apporte en se mariant un portefeuille mobilier de 100 000F. Au bout d'une année, les époux divorcent : ils se partagent la masse commune, et la femme ne se voit attribuer que 50 000F : elle aura fait cadeau de 50 000F à son mari ;

— le mari apporte en mariage son fonds de commerce, qui, comme tous les meubles, tombe en communauté. Sa femme meurt. Ses héritiers vont être en droit d'exiger de lui la moitié de la valeur du fonds. Il risque d'être ruiné s'il doit vendre son fonds, qui souvent sera son unique subsistance.

Paragraphe 2. Les immeubles communs

Le principe est que les immeubles possédés par les époux au moment du mariage, comme ceux qui leur adviennent par la suite à titre gratuit, restent propres. Seuls seront communs ceux acquis à titre onéreux pendant le mariage, quelle que soit l'origine des fonds, et que l'acquisition soit faite par un seul ou par les deux époux réunis. Naturellement, cette règle ne joue pas quand l'immeuble acquis l'est à la suite d'échange ou de remploi de bien propre, en cas d'arrangement de famille et de quelques autres qui seront examinés dans le chapitre réservé aux immeubles propres. Nous touchons là le deuxième inconvénient possible de ce régime : celui de l'inégalité possible entre époux du fait de la nature de leurs apports.

Cas pratique

Deux époux apportent chacun 500.000F en se mariant. Mais le mari possède deux appartements (valant chacun 25.000.000F), et la femme des actions valant 500.000F. L'égalité n'est qu'apparente, puisque tout le patrimoine de la femme va tomber en communauté. Si l'union est de brève durée, la femme perdra la moitié de sa fortune, et cette perte ne sera compensée par aucun partage des biens du mari, dont les immeubles sont restés propres.

SECTION 2. ACTIF DES PATRIMOINES PROPRES

Ils ne comprendront en principe que des immeubles, car rares seront les meubles restant propres.

Paragraphe 1. Les immeubles propres

Le principe est que sont propres les immeubles acquis par chacun des époux avant le mariage et ceux qui pendant la durée de celui-ci seront acquis à titre gratuit.

1° Immeubles possédés avant le mariage

L'immeuble reste propre à l'époux qui peut prouver qu'il en a la propriété par un titre antérieur au mariage. Le cas peut se présenter d'un époux qui rentre en possession, au Cours du mariage, d'un immeuble aliéné avant la célébration de celui-ci (par exemple parce que la vente était entachée de nullité) l'immeuble lui reste propre cependant, car ce qui compte c'est la date de l'acte juridique en vente duquel il est devenu propriétaire et non celle du retour du bien. Il est très rare de rencontrer des difficultés dans l'application de cette règle car les acquisitions d'immeubles sont toujours constatés par des actes écris. Les immeubles par destinations sont également propres : ce sera le cas notamment du cheptel attaché à une exploitation agricole propre Il a été jugé que le seul fait d'utiliser accessoirement le cheptel propre à l'exploitation d'un terrain commun ne lui donnait pas le caractère commun.

2° Immeuble acquis à titre gratuit pendant le mariage

Sont propres les immeubles acquis par succession pendant le mariage par l'un des époux ; et ce qui compte ce n'est pas la consistance de l'héritage avant le partage, mais les immeubles que l'époux héritier aura dans son lot.

Dans le cas d'un immeuble donné ou légué, même solution ; mais si la donation ou le legs étaient conjointement aux deux époux, l'immeuble resterait propre à chacun d'eux par moitié (il ne sera commun que si le donateur l'a expressément stipulé).[42]

3° Immeubles acquis à titre onéreux pendant le mariage

De très importantes exceptions existent au principe qui les veut communs, car toutes les règles que nous avons passées en revue sont valables mais s'appliquent seulement aux immeubles, et non pas, comme sous le régime légal, à tous les biens. C'est ainsi que :

— seront propres les constructions faites sur un terrain propre en vertu de la théorie de l'accession

— si un époux acquiert tout ou partie des parts indivises de l'immeuble où il est déjà copropriétaire, celles-ci lui resteront propres même si la communauté en a payé le prix ;

— même solution pour les immeubles acquis à la suite d'un arrangement de famille ;

[42] H. D. Amboulou, op. cit.

— même solution également dans les cas d'échange, d'emploi et de remploi.

Disons, d'une façon générale, que seront propres, par l'effet de la subrogation réelle, les biens quels qu'ils soient, qui ont remplacé, pour une raison quelconque, un immeuble propre.

Paragraphe 2. Les meubles propres

Le principe que les meubles tombent en communauté souffre quelques exceptions. Demeurent propres :

— les objets strictement personnels aux époux tels que leurs vêtements, uniformes, instrument de travail, mais il y a controverse dès que ces objets atteignent une certaine valeur, la jurisprudence ayant tendance à considérer qu'ils sont communs (nous avons vu le cas du matériel d'un dentiste, la solution pourrait être identique pour la bibliothèque d'un homme de loi) ;

— les souvenirs de famille : lettres, armes… ;

— pour les unions postérieures au 1er janvier 1985, les produits pécuniaires provenant de l'exploitation d'une œuvre de l'esprit et les économies réalisée de ce chef, acquis avant le mariage

— les pensions alimentaires dues à un époux en vertu de la parenté ou de l'alliance ; les pensions, les rentes versées à la suite d'un accident du travail, les indemnités payées en réparation d'un accident corporel. C'est naturellement la communauté qui encaisse l'argent, mais elle doit récompense à l'époux bénéficiaire (à la dissolution) ;

— sont également propres les meubles donnés sous cette stipulation expresse.

CHAPITRE III

LA GESTION DES TROIS PATRIMOINES SOUS LES RÉGIMES DE COMMUNAUTÉS LÉGALES

Nous allons étudier ici les règles édictées par le Code de la famille concernant l'administration des patrimoines propres et de la communauté. Elles s'appliquent à partir du 1er janvier 1985, à tous les couples qui se sont mariés sans faire de contrat, mais, également, et à partir de la même date, à tous les congolais (et ils sont légion) mariés sous l'ancien régime légal, même si, pour le surplus, ils restent soumis aux anciennes règles du Code civil, n'ayant pas voulu (ou ayant négligé) par déclaration conjointe se placer sous le nouveau régime légal dans toutes ses dispositions.

Elles s'appliquent encore aux époux ayant choisi par contrat un régime de communauté, sauf si par déclaration conjointe, ils déclarent expressément vouloir conserver au mari l'administration des biens propres de la femme. Ainsi, depuis le 1er janvier 1985,80% des congolais sont soumis, en ce qui concerne la gestion des patrimoines propres, communs, des biens réservés, aux règles que nous allons examiner maintenant et qui constituent un des points capitaux de la législation actuelle. En effet, nous l'avons vu, l'ancien régime légal se caractérisait par les pouvoirs exorbitants du mari, qui non seulement était seigneur et maître de la communauté, mais encore gérait les propres de sa femme, pouvoirs auxquels la femme allait constamment se heurter dès qu'elle voulait agir en personne capable. Car elle est capable depuis les lois françaises de 1938 et 1942, mais tant que le régime légal n'avait pas été modifié, cette capacité restait purement formelle au Congo.

SECTION 1. GESTION DE LA COMMUNAUTÉ

Paragraphe 1. Le mari administre seul la communauté

C'est, comme par le passé, le mari seul qui administre la communauté. Le législateur n'a pas voulu, comme certains l'auraient souhaité, imposer la cogestion obligatoire de la femme et du mari avec pour l'un et pour l'autre des pouvoirs identiques sur les biens communs. Mais, dès les premières lignes de l'article 217 du Code de la famille, une différence capitale apparaît par rapport à l'ancien régime : le mari administre seul la communauté et les tribunaux ajoutent : « sauf à répondre des fautes qu'il aurait commise dans sa gestions ».

Nous sommes loin de la conception traditionnelle du mari « maître et seigneur de la communauté », pouvant à son gré vendre, hypothéquer les biens communs (il pouvait, par exemple, vendre un fonds de commerce communs, même s'il était exploité par sa femme sans concours de sa femme qui, de plus, ne pouvait pas lui demander compte de sa gestion, car le mari chef de communauté la représentait légalement, et les actes passés par le mari étaient censé avoir été faits par les deux époux.

Le mari n'est plus qu'un simple administrateur responsable envers sa femme. Le projet primitif avait parlé des fautes lourdes, mais l'Assemblée a supprimé cet adjectif : est-ce à dire que, pour une peccadille, pour un détail, pour une faute légère de gestion, le mari pourra être inquiété ? Certainement pas. Les tribunaux trancheront le cas d'espèce en gardant à l'esprit le principe qu'un administrateur à titre gratuit (et c'est le cas du mari, qui ne reçoit aucune rémunération pour sa gestion de la communauté) ne peut voir mettre en cause sa responsabilité que pour les fautes caractérisées présentant un certain degré de gravité. Il en sera tout autrement s'il y a eu fraude de sa part. Comme par le passé, ce sont les tribunaux qui apprécient souverainement et qui peuvent décider l'annulation des actes commis en fraude des droits de la femme. Le Code de la famille consacre expressément cette condamnation jurisprudentielle de la fraude. Citons, à titre d'exemple, quelques cas concrets, où la fraude du mari, sous l'ancien régime légal, avait été reconnue par les tribunaux.

Cas pratiques

1. Le tribunal a déclaré nul le bail passé à des conditions désavantageuses pour la communauté, mais avantageuses pour le mari, car, fait à une société dont il possédait la plus grande partie des actions ; et la société a été déclarée solidairement responsable.

2. Le tribunal a jugé que la femme avait le droit de demander l'annulation de l'acte posé par le mari, acte par lequel il avait résilié sans motif le bail d'un immeuble dans lequel était exploité un fonds de commerce commun. Le jugement ajoute que la femme pouvait demander l'annulation d'actes mêmes antérieurs à l'ordonnance de non-conciliation, à condition qu'elle puisse apporter la preuve d'un préjudice, preuve possible seulement à la liquidation du régime et lorsque la femme aura accepté la communauté (toujours d'après le jugement),

3. Le mari au cours d'une instance en divorce, avait apporté le fonds de commerce commun à introduire une action en nullité, bien que la communauté ne soit pas dissoute, car, dit-il ;

— elle permettait de prendre des mesures conservatoires et ne préjugeait pas du sort final de biens ;

— elle déjouait de nouvelles fraudes dont l'annulation pourrait être impossible.

Ainsi le Code de la famille substitue à la notion du mari maître et seigneur de la communauté celle du mari administrateur responsable de sa gestion. Et dans le détail même, il va restreindre considérablement ses pouvoirs.

Paragraphe 2. Mais ses pouvoirs sont, comme par le passé, limités lorsqu'il s'agit de disposer à titre gratuit

1. Disposition à titre gratuit entre vifs

Elles lui sont interdites et, même s'il s'agit d'établir des enfants communs, le consentement de la femme lui sera nécessaire. Celle-ci pourra, dans ce cas, adopter deux attitudes :

— ou bien elle sera codonatrice, donnera son consentement dans l'acte même en spécifiant qu'elle donne le bien en même temps que son mari : dans ce cas, elle devra la moitié de la donation ou de la dot ;

— ou bien elle dira expressément dans l'acte qu'elle n'est pas codonatrice, et le mari supportera seul la charge de la dette à la dissolution.

On doit souligner que la loi de 1984, dans un souci d'efficacité, oblige la femme à exercer son action en nullité dans les deux années à compter du jour où elle aura eu connaissance de la donation irrégulière de biens communs, alors que, sous l'empire de la loi ancienne, aucun délai ne lui était imparti. L'action en nullité, selon que l'acte litigieux (la donation) aura été fait avant ou après la réforme des régimes matrimoniaux pourra donc être ou non rejetée pour cause de tardivité.

2° Disposition à titre gratuit par testament

C'est dans notre l'ouvrage : *Les libéralités et les successions en droit congolais* que cette question est étudiée en profondeur. Le mari ne peut pas léguer par testament plus que sa part dans la communauté. Si le bien légué par lui est mis dans son lot au moment du partage, le legs sera exécuté en nature. Dans le cas contraire (s'il est mis dans le lot de la femme), le légataire devra se contenter de réclamer aux héritiers du mari la valeur du bien légué (dont le recouvrement pourra être poursuivi non seulement sur la part des héritiers du mari dans la communauté, mais sur les biens personnels de ce dernier). Il est bien évident que la femme de son côté peut léguer sa part dans la communauté et que les mêmes dispositions lui sont applicables.

Paragraphe 3. Depuis le Code de la famille, il aura besoin en outre de l'accord de sa femme pour passer les actes concernant un certain nombre de biens communs importants

Les restrictions aux pouvoirs du mari sur les biens communs, lorsqu'il s'agit d'en disposer à titre gratuit, sont traditionnelles et existaient déjà sous l'ancien régime légal. La loi du 17 octobre 1984 en crée de nouvelles et très importantes dans certains cas, les actes d'administration importants.[43]

1° Pouvoirs de disposition

L'article 217 du Code de la famille énumère toute une série d'actes qui sont interdits au mari sur les biens communs sans le consentement de la femme. Ce texte est d'une très grande importance.

a) il ne pourra pas aliéner ou grever des droits réels (hypothèque, servitudes), les immeubles, fonds de commerce et exploitations communes agricoles, artisanales…

b) il ne pourra pas aliéner ou grever des droits réels, les droits sociaux non négociables : ce sont, par exemple, les actions et parts sociales qui représentent un appartement (donnant droit à la jouissance de celui-ci et à son attribution en cas de partage), les parts d'une société en nom collectif, en commandite, d'une S.A.R.L à caractère familial ;

c) il ne pourra pas aliéner les meubles corporels dont l'aliénation est soumise à publicité : ce texte vise les navires, les avions, mais pas les automobiles. Mais le mari aura, si les deux opérations ne sont pas simultanées, une seconde fois besoin de la femme, car, sans son consentement, « il ne pourra percevoir les capitaux provenant de telles opérations ». Le texte primitif portait le mot de *concours*, ce qui aurait impliqué notamment l'obligation pour la femme de signer en même temps que son mari la quittance destinée à l'acheteur d'un des biens communs énumérés ci-dessus. Le mot *consentement* qui lui a été substitué semble indiquer que l'accord de la femme pourra être donné beaucoup plus librement. Mais il faut, pensons-nous, exclure l'accord tacite, ce qui enlèverait beaucoup de valeur au texte, car il suffirait que le mari se présente pour encaisser les fonds en disant : « Ma femme est d'accord », et exiger qu'elle manifeste clairement et sans ambiguïté sa volonté (ne serait-ce que par une simple autorisation que le mari serait tenu d'exhiber, et, croyons-nous, par écrit).

d) mais il peut défendre seul à l'action en revendication par un tiers de biens possédés par la communauté (même si la femme n'est pas appelée à la procédure) et le jugement rendu contre lui seul sera opposable à la femme.

e) à noter que le cautionnement qui ne comporte pas de dessaisissement d'un bien n'est pas considéré comme un acte de disposition, aussi graves que puissent en être les conséquences, ni comme une libéralité, et par là-même,

[43] H. D. Amboulou, op. cit.

peut être valablement donné par le mari seul et constituer une dette de la communauté.

La question a été posée au ministre de la Justice en ces termes : un mari se porte caution avant la dissolution de la communauté des dettes d'une société commerciale. La communauté est-elle tenue de cette obligation, alors que la dette de la société cautionnée résulte de la clôture d'un compte courant intervenue postérieurement à la dissolution, et même au partage de la communauté ?

La réponse est affirmative, car le contrat de cautionnement est parfait dès sa conclusion et la communauté est dès lors engagée même si la dette ne devient exigible qu'après sa dissolution En conséquence, la femme est engagée pour la moitié de la dette, mais dans la limite de son émolument, si elle a pris la précaution de faire dresser inventaire.

Donc, le mari ne pourra plus disposer de la plupart des biens communs importants sans le consentement de sa femme. Mais, bien plus, il aura encore besoin ensuite une seconde fois du consentement de son épouse pour percevoir les deniers provenant de telles opérations. C'est donc un double barrage que dresse la loi du 17 octobre 1984 en faveur de la femme pour lui permettre de contrôler la gestion de la communauté. Il lui appartiendra d'exercer pleinement ces pouvoirs si importants, dont la contrepartie, nous le verrons plus loin, est la suppression de la faculté qu'elle possédait avant la loi de renoncer à la communauté. Cela lui sera aisé en période de crise, mais on peut se demander si, en temps normal, la femme les utilisera pleinement.

f) la sanction de l'acte accompli par le mari en violation des droits de la femme est la nullité, qui, selon la Cour Suprême « prive cet acte de ses effets, non seulement à l'égard de la femme, mais aussi dans les rapports du mari et de l'autre contractant » Etant nul, l'acte ne peut produire aucun effet, et, sauf stipulation contraire, ne peut faire naître à la charge du mari une obligation de garantie.

Cas pratique

Un mari signe une promesse de vente sur un immeuble dépendant de la communauté et reçoit de son acquéreur éventuel un dédit de 45.000F. Sa femme fait annuler en justice cette promesse. L'acquéreur potentiel dépité demande réparation, et obtient des juges d'appel la condamnation du mari au paiement de 90.000F conformément à l'article 1590 du Code civil.

L'arrêt de la Cour d'appel est soumis à la Cour Suprême qui casse, car on ne peut assimiler l'annulation du contrat à son exécution, ni faire produire effet à une clause de dédit stipulée dans un acte annulé.

Le tiers contractant, même de bonne fois, se trouve donc désarmé et sans recours, sauf s'il a eu la précaution de demander au mari de garantir l'engagement pris par lui sous forme, par exemple d'un dédit forfaitaire.

2° Pouvoirs d'administration

Ces pouvoirs sont définis à l'article 217 du Code de la famille. Non seulement les pouvoirs du mari sont réduits lorsqu'il s'agit de disposer de biens communs, mais aussi pour certains actes d'administration importants : le mari aura besoin de l'accord de sa femme pour donner à bail un fonds rural ou un immeuble à usage commercial, industriel ou artisanal.

Ce qui est logique, car le bail, que l'on cite toujours comme le type même de l'acte d'administration, est devenu, en raison des lois édictées depuis l'entrée en vigueur de l'Acte uniforme de l'OHADA relatif au droit commercial général pour la protection du preneur, presque un acte de disposition, à cause de l'étendue des droits qu'il confère. Le bailleur d'un bail commercial devra généralement, s'il veut reprendre son local, payer au preneur une indemnité d'éviction souvent élevée. De la même façon, l'immeuble soumis au statut des baux ruraux est vendu dans de très mauvaises conditions lorsqu'il est loué, car le preneur, protégé par la loi, ne peut pas recevoir congé et s'incruste facilement dans les lieux. La loi exige donc pour les baux ruraux, commerciaux et industriels ou artisanaux, d'immeubles communs, l'accord de la femme. Quel sens faut-il donner à ce mot ? Le mot concours a été écarté, ce qui signifie que la femme ne devra pas obligatoirement signer le bail à peine de nullité. Il pourra être valable, signé du seul mari, si la femme d'une façon non ambiguë a donné son accord, qui, semble-t-il, devra être écrit. Il est vraisemblable que les praticiens prendront l'habitude, pour éviter de façon radicale le risque d'annulation, d'exiger pour tous ces baux la double signature du mari et de la femme de façon systématique. Nous allons paradoxalement nous trouver dans une situation parfaitement symétrique à celle existant avant la loi de 1984, où l'on avait tendance à exiger la signature du mari pour tout acte que voulait faire la femme : ici, on aura tendance à exiger la signature de la femme pour tout acte que voudra faire le mari. C'est une conséquence normale et inévitable de la loi.

Nous remarquons que l'accord de la femme n'a pas été exigé pour les baux à usage d'habitation. Il est vrai qu'en ce qui concerne le logement de la famille[44], l'accord des deux époux sera nécessaire pour en disposer mais le mari conserve le droit de consentir seul les baux et conventions de locations sur les immeubles communs d'habitation. Or, pour tous les immeubles qui ont été construits avant 1984, les baux ressemblent plus à des actes de disposition qu'à des actes d'administration en raison du *droit au maintien dans les lieux* accordé par la loi aux locataires et occupants. Si le législateur avait été logique avec lui-même, il aurait dû exiger pour les baux concernant les immeubles d'habitation l'accord de la femme. Notons que, pour le surplus, les baux passés par le mari sur les biens communs sont soumis aux règles prévues pour les baux passés par l'usufruitier, ce qui signifie essentiellement qu'il ne peut

[44] Cf l'article 171 sur la résidence de la famille

pas passer de baux de plus de neuf ans, ou qu'ils seront inopposables à la femme. De la combinaison de toutes ces règles on voit qu'en fait le mari aura sans cesse besoin de l'accord de sa femme pour aliéner le patrimoine commun. Il n'est qu'une catégorie de biens très importants dont il pourra librement disposer : ce sont les valeurs mobilières.

Conseil au notaire. *Ce problème a beaucoup préoccupé le législateur, qui n'a pas pu lui donner une solution acceptable. En effet, à notre époque, les valeurs mobilières constituent incontestablement un élément extrêmement important de la fortune des époux et qu'il conviendrait de protéger. Mais aucun système de contrôle pleinement satisfaisant n'a pu être proposé : on avait imaginé d'instituer au profit de la femme une possibilité de contrôle du mouvement des valeurs mobilières communes, le banquier ou l'agent de change devant à sa demande lui en envoyer le relevé ; on avait pensé aussi, tout en laissant entière liberté au mari, à exiger l'accord de la femme pour que lui soit remis le produit des ventes. Toutes les solutions proposées étaient lourdes, difficilement applicables, complexes, et elles ont été repoussées pour la raison essentielle qu'en ce domaine la rapidité de décision est déterminante et s'accommode mal ou d'une autorisation ou d'un contrôle.*

Donc, les valeurs mobilières communes pourront être librement aliénées par le mari, et c'est la seule catégorie de biens importants qui échappent au contrôle de la femme. Il convient cependant de faire remarquer que, grâce aux présomptions de pouvoirs de l'article 214 du Code de la famille, elle-même pourra librement gérer seule toutes les valeurs mobilières déposées à son compte, même si, acquises grâce aux économies réalisées sur ses propres, elles sont communes, car, en l'absence d'opposition et de revendication de son mari, elle sera réputée avoir reçu de lui un mandat pour agir à sa place.

Paragraphe 4. La femme de son côté administre seule les biens réservés

Ceux-ci sont communs, nous le savons, et définitivement, car la femme, n'ayant plus la faculté de renoncer à la communauté, ne pourra pas, à la dissolution, conserver ses biens réservés, qui vont obligatoirement augmenter la masse commune pour être partagés. Avant le Code de la famille, la femme jouissait et disposait de ces biens librement, tout comme une femme séparée de biens pouvait jouir et disposer de son patrimoine. Mais comme les dispositions de la loi de 1984 réduisent considérablement les pouvoirs du mari sur les biens communs, ils ont également et en toute logique réduit de la même façon les pouvoirs de la femme sur les biens réservés, puisque ceux-ci sont des biens communs. Il aurait été anormal d'accorder à la femme plus de pouvoirs qu'un mari, et c'est pourquoi l'on admet que la femme a, pour administrer les biens réservés, les mêmes pouvoirs que le mari pour administrer les autres biens communs. C'est-à-dire qu'elle aura besoin de l'accord de son mari pour tous les actes où, s'agissant de biens communs ordinaires, son mari aurait lui-même besoin de son consentement.

Mais, comme le mari, elle disposera seule et en toute liberté des valeurs mobilières acquises avec ses gains et salaires. Celles-ci vont donc devenir pour le mari comme pour la femme marié sous le régime conventionnel le symbole et le dernier refuge de la liberté absolue. La femme, en effet, participe si largement à l'administration de la communauté que pratiquement les cas où le mari l'administre seul deviennent exceptionnels. Au lieu de dire : « le mari l'administre seul la communauté, il peut disposer des biens communs sous les exceptions qui suivent », les dispositions de la loi de 1984 auraient tout aussi bien pu être rédigées de la façon suivante : « le mari, pour disposer des biens communs, a besoin du consentement de sa femme sous les exceptions qui suivent » les exceptions auraient alors été moins nombreuses.

Nous avons vu, en étudiant la composition des patrimoines, que la communauté était réduite, puisque seuls en faisaient partie les acquêts provenant des économies faites par les époux ; nous venons de voir que, sur cette masse réduite, les pouvoirs du mari sont également limités puisque le consentement de la femme est nécessaire pour tous les actes de quelque importance. Si l'un des époux, le mari sur les biens communs, la femme sur les biens réservés, outrepassait ses pouvoirs, son conjoint peut adopter deux attitudes :

— ou bien il ratifie l'acte, qui devient pleinement valable ;

— ou bien il peut en demander l'annulation dans les deux ans à partir du jour où il en a eu connaissance, et, en tout cas, jamais plus de deux ans après la dissolution de la communauté.

Le législateur a voulu éviter les possibilités de procès, et c'est pourquoi il a édicté de courts délais pour les réclamations.

Paragraphe 5. L'intervention de la justice

L'autorisation et l'habilitation par la justice sont prévues à l'article 173 du Code de la famille. Enfin, pour parachever toutes ces mesures de protection, le Code de la famille prévoit trois cas où l'un des époux pourra demander en justice à ce que lui soient attribués les pouvoirs de l'autre. Ce sera la femme qui demandera à être substituée au mari dans l'exercice de ses pouvoirs sur les biens communs, ou encore le mari qui demandera à être substitué à la femme dans l'exercice de ses pouvoirs sur les biens réservés. Ces trois cas sont les suivants :

— l'un des époux est, d'une manière durable, hors d'état de manifester sa volonté. C'est l'application à la communauté de la règle générale posée par l'article 173 du Code de la famille ;

— l'un des époux est de façon évidente incapable et inapte à exercer ses pouvoirs. On a peut-être pensé à la femme, mais ce texte pourra jouer en sa faveur contre le mari ;

— la gestion d'un des époux atteste la fraude : là on a surtout pensé au mari et voulu assurer à la femme une mesure de protection supplémentaire (la fraude a toujours été condamnée) ; mais il est certain que l'on pourra voir des maris invoquer ce texte contre leur femme.

C'est une des caractéristiques de la loi de 1984 de prévoir très largement et en faveur des deux époux des mesures de protection pour faire face à des situations exceptionnelles. Et il n'est pas utopique de penser qu'un jour, peut-être proche, elles seront plus utilisées par les maris contre leurs femmes que par les femmes contre leurs maris.

Conseil au notaire. *Les formes de la séparation de biens seront appliquées à cette demande. Une fois l'habilitation de la justice obtenue, l'époux habilité a les mêmes pouvoirs que son conjoint, qu'il remplace mais pour passer un acte où son propre consentement aurait été nécessaire, avant l'habitation, il aura besoin de l'autorisation de la justice.*

SECTION 2. GESTION DES PATRIMOINES PROPRES

La loi de 1984, nous l'avons vu, réduit les pouvoirs du mari sur les biens communs mais, bien plus, elle lui retire le pouvoir de gestion des propres de sa femme qu'il avait sous l'ancien droit et confie à celle-ci la libre administration et disposition de son patrimoine personnel.[45]

Paragraphe 1. Les pouvoirs du mari sous l'ancien droit

Le mari exerçait les droits de la communauté, usufruitière des propres de la femme, et il en était en conséquence l'administrateur. Les actes de dispositions sur les biens propres de sa femme lui restaient interdits, mais il avait, par contre, le droit de passer seul tous les actes d'administration courants, comme, par exemple, toucher les sommes dues à sa femme, percevoir les fruits de ses propres, prendre toutes mesures conservatoires nécessaires. Il pouvait aussi passer des baux de moins de neuf ans. En outre, il avait le droit d'exercer seul comme demandeur ou défendeur les *actions mobilières et possessoires* appartenant à sa femme, et les jugements rendus étaient opposables à cette dernière.

En raison des pouvoirs du mari, la femme ne pouvait pratiquement pas profiter de ses propres. En effet, elle pouvait disposer seule, uniquement de leur nue-propriété, ce qui n'avait pas grand intérêt. Les conséquences de cette règle faisaient qu'elle n'avait aucune autonomie financière, car les tiers ne lui accordaient aucun crédit. Les abus de pouvoirs de son mari n'étaient pas toujours sanctionnés, car elle devait, en principe, attendre la dissolution du

[45] Article 213 du Code de la famille

régime pour revendiquer les biens dont le conjoint avait abusivement disposé.[46]

Paragraphe 2. Le régime de gestion

1° La femme a l'administration et la jouissance de ses propres et peut en disposer librement. Elle est donc dans la même position que son mari, le principe était la liberté et l'indépendance réciproque de chacun des époux, qui dispose à sa guise de son patrimoine. Cependant, l'un comme l'autre voit ses pouvoirs réduits lorsqu'il s'agit de passer un acte quel qu'il soit : vente, résiliation de bail, acceptation de congé par lequel il disposait du logement de la famille, et il a besoin du consentement de son conjoint. C'est ainsi que le mari ne pourra pas sans le consentement de sa femme vendre l'appartement où vit sa famille quand bien même il en serait personnellement propriétaire.

1). Le remploi des propres de la femme

Libre de disposer de sa fortune personnelle, la femme doit veiller, si elle le juge utile, à employer ou remployer ses deniers propres. Nous avons vu que ces opérations étaient particulièrement importantes pour la bonne gestion et la conservation des patrimoines, et plus spécialement sous les régimes de communauté, puisqu'à la dissolution le bien employé ou remployé, s'il existe toujours, pourra être repris en nature. Donc, théoriquement, le mari n'a rien à voir (ni pour les autoriser, ni pour les faire, ni pour les garantir) avec les remplois de sa femme. La pratique risque d'être différente, et il est vraisemblable que, dans un certain nombre de ménages, ce soit le mari qui fasse, pour le compte de sa femme, ses emplois ou remplois.

Il lui serait facile alors d'encaisser le montant d'une aliénation et de l'utiliser pour ses besoins personnels. C'est pourquoi, de façon très réaliste, le Code de la famille maintient une certaine protection à la femme en ce domaine. Nous avons vu que la femme devait accepter personnellement, pour qu'il soit valable, un emploi ou un remploi fait pour son compte par son mari. Le Code de la famille va plus loin, puisqu'il décide que le mari sera responsable du défaut d'emploi ou de remploi des biens propres de sa femme, et devra le garantir, dans les trois cas suivants :

— il s'est ingéré dans les opérations d'aliénation ou d'encaissement : il est responsable de la bonne fin de l'opération ;

— il n'y a pas eu d'ingérence de sa part : la femme a agi seule et librement, mais c'est lui qui a touché les fonds ;

— ou encore, dernière exception : l'argent a été utilisé de telle façon qu'il en a tiré profit.

3° Les dispositions de la loi de 1984 faisant montre d'un grand réalisme se préoccupent des diverses situations où l'un des époux va agir au nom de

[46] H. D. Amboulou, op. cit.

l'autre, et spécialement de celles où la femme abandonne la gestion de ses biens personnels au mari :

— si l'un des époux confie à l'autre l'administration de ses propres (même en l'absence de toute convention), on appliquera les règles générales du mandat, c'est-à-dire qu'il devra rendre compte de l'exécution de son mandat et qu'il sera responsable, et de son dol, et de ses fautes éventuelles, qui seront évalués, on peut le penser, en tenant compte du caractère gratuit de ses fonctions, donc moins rigoureusement que dans le cas d'un mandat salarié. Mais, sauf convention expresse l'y obligeant, l'époux mandataire sera dispensé de rendre compte des fruits.

— si l'un des époux laisse son conjoint prendre en main la gestion de ses propres, sans protester ni s'y opposer, ce dernier sera censé agir en vertu d'un mandat tacite qui couvrira les actes d'administration et de jouissance, mais en aucun cas les actes de disposition. Les règles générales du mandat s'appliquent dans ce cas également, mais l'époux mandataire ne sera comptable que des fruits existants. Cependant, on pourra lui demander compte des fruits qui n'ont pas été perçus par sa négligence, et de ceux qu'il a consommés frauduleusement pour les cinq dernières années de son mandat seulement.

La bonne foi des tiers peut être surprise, qui peuvent croire aux pouvoirs du mari et conclure avec lui un acte qu'ils considèrent valable, car le mari, à leurs yeux, a l'apparence d'un mandataire régulier. Mais encore faut-il, que le tiers fasse une erreur légitime et vraisemblable : ce n'est pas le cas lorsque deux époux sont en instance de divorce, depuis plusieurs années, et que la convention, un bail à ferme, est suffisamment importante pour que le tiers vérifie soigneusement les pouvoirs du mari d'agir sur un bien propre de la femme. Le bail passé par le mari seul doit être annulé.

— enfin, dernière hypothèse : l'un des époux s'est immiscé dans la gestion des propres de l'autre malgré l'opposition formelle et constatée de ce denier. Dans ce cas-là, il sera responsable de tous les fruits quels qu'ils soient et sans limitation de durée, qu'il les ait perçus ou non, et de ceux qu'il aura consommés frauduleusement.

Nous voyons ici le souci des auteurs de la loi du 17 octobre 1984 de réduire au maximum les possibilités de contentieux conjugal en simplifiant les comptes, en limitant la responsabilité du mandataire et les possibilités de recours dans le temps. Pas de compte de fruits, s'il y a mandat ; si mandat tacite, compte des fruits existants seulement). Mais s'il n'y a pas eu l'ombre d'un mandat, si, au contraire, il y a eu violation des droits du conjoint, la responsabilité reste alors entière et sans limites.

4° Enfin, le recours à la justice en cas de crise est prévu. Dans certains cas graves, un des époux peut demander au tribunal que son conjoint soit dessaisi à son profit de ses droits d'administration et de jouissance sur son propre patrimoine. Pour ce faire, il faudra :

— ou bien que son conjoint soit incapable de manifester sa volonté ;

— ou bien qu'il mette les intérêts de la famille en péril : soit passivement, en restant inactif et laissant dépérir ses propres ; soit activement, en gaspillant son patrimoine propre ou en détournant les revenus qu'il en retire. Le juge pourra ou bien nommer un administrateur judiciaire, s'il le juge utile ; ou bien conférer à l'époux demandeur le pouvoir d'administrer les propres de son conjoint (qui sera provisoirement dessaisi de ses droits), à charge par lui d'en percevoir les fruits, qui serviront d'abord à payer les charges du ménage et, pour le surplus, alimenteront la communauté. L'époux dessaisi de ses pouvoirs par jugement ne conservera plus que la disposition de la nue-propriété de ses propres à compter du jour de la demande.

2). Les récompenses

Nous avons vu en étudiant le passif commun que toutes les fois où la communauté acquittait une dette propre des époux, ou était mise à contribution pour améliorer ou conserver un propre, ou encore, d'une manière générale, toutes les fois où l'un des époux avait tiré un profit personnel des biens communs, récompense était due à la communauté.

La situation inverse est possible, et la règle est alors que la communauté devra récompense à l'époux propriétaire toutes les fois qu'elle a tiré profit de biens propres : ce sera notamment le cas lorsqu'elle aura encaissé des deniers propres ou provenant de la vente d'un propre et qu'on aura négligé d'en faire emploi ou remploi.

Le mari et la femme sont placés sur un pied d'égalité pour exercer leurs reprises en deniers. Pratiquement, le notaire, au moment de la liquidation du régime, inscrit automatiquement une récompense au profit de l'époux qui a vendu un bien propre pendant le mariage. Il ne demande des justifications que dans le cas où il y aura contestation de la part du conjoint ou de ses héritiers : il faut alors faire la preuve de l'encaissement des deniers par la communauté. Les notaires pourront continuer à procéder de la sorte, et, comme par le passé, n'exiger une preuve que dans le cas de contestation. Et cette preuve pourra être administrée par tous les moyens, même par témoignage et présomption (mais pas cependant *par commune renommée*).

Notons au passage la différence avec la preuve de la propriété d'un bien que l'époux devra faire pour le rependre en nature et où l'on exigera en principe un écrit. Ici le problème est différent : il s'agit d'exercer une reprise en valeur, et ce qu'il faut démontrer en cas de contestation c'est l'encaissement des deniers par la communauté, ce qui est un simple fait : la preuve sera donc libre. Et l'on appliquera les mêmes règles lorsqu'il s'agira de fonder une récompense pouvant être due à la communauté par un des époux.

Conseil au notaire. *Le Code de la famille, en ce qui concerne la gestion des patrimoines, corrige les plus gros inconvénients de l'ancien droit en élargissant les pouvoirs propres de la femme qui, désormais, gérera seule son patrimoine, et en lui permettant de contrôler la gestion de son mari. Celui-ci* *gère seul la communauté, mais ses pouvoirs sont soumis à tant de restrictions, le consentement de sa femme lui est nécessaire dans tant de circonstances, qu'on peut dire que les cas où il pourra réellement agir seul sont exceptionnels.*

Le système se caractérise à la fois par une sorte de cogestion des biens communs et une grande indépendance dans l'administration des propres surtout si la femme exerce une profession séparée. Selon l'importance et la consistance respective des patrimoines, selon aussi les conceptions morales des époux et leur philosophie, il pourra recevoir une forte orientation communautaire. Mais il pourra aussi bien fonctionner comme un régime de participation aux acquêts, donc comme un régime séparatiste (du moins jusqu'à la dissolution).

CHAPITRE IV

DISSOLUTION, LIQUIDATION, PARTAGE DE LA COMMUNAUTÉ

Nous aurions dû prévoir deux chapitres bien distincts : dissolution-liquidation, partage de l'ancienne communauté légale et dissolution-liquidation, partage de la nouvelle communauté, car les règles qui seront suivies dans l'un et dans l'autre cas ne sont pas absolument identiques. En effet, si l'on a bien prévu que les époux mariés sans avoir fait de contrat seraient soumis à la loi du 17 octobre 1984 en ce qui concerne l'administration des patrimoines respectifs (et reprendraient la jouissance de leurs propres), il a, par contre, été décidé qu'ils continueront d'avoir pour régime matrimonial l'ancienne communauté légale telle que la définissaient les dispositions. Antérieures du Code civil. Mais cette façon de procéder aurait inutilement alourdi cet ouvrage. C'est pourquoi nous avons préféré présenter un schéma type simplifié en signalant les différences essentielles entre l'ancien et le nouveau régime. Nous avons d'autant plus facilement adopté cette formule que les opérations de liquidation- partage sont très compliquées et faites par le notaire chargé de la liquidation de la communauté.

SECTION 1. DISSOLUTION DE LA COMMUNAUTÉ

Paragraphe 1. Par changement de régime matrimonial

1° Aux causes traditionnelles de la dissolution de la communauté, qui sont la mort d'un époux, l'absence, le divorce, la séparation de corps et la séparation de biens, le Code de la famille ajoute une sixième qui est le changement du régime matrimonial.

2° Nous avons vu que le principe de l'immutabilité des conventions matrimoniales avait vécu, et qu'il lui avait été substitué celui de la mutabilité contrôlée, qui permet aux époux, d'un commun accord, non seulement d'apporter les retouches de détail à leur contrat, mais de changer entièrement, sous réserve de l'homologation du tribunal, leur régime matrimonial. C'est ainsi qu'ils pourront à l'avenir passer du régime conventionnel à celui de la séparation de biens, de la participation aux acquêts, et que ce changement entraînera automatiquement la dissolution de la communauté ayant existé entre eux. Or, cette possibilité est ouverte non seulement aux époux mariés après le 1er février 1985, mais également à tous ceux dont le mariage a été célébré avant cette date sans qu'ils aient fait de contrat, et qui se trouveraient placés sous l'ancienne communauté légale.

Le changement de régime aura effet, rappelons-le, entre les époux à partir du jour du jugement d'homologation, mais à l'égard des tiers trois mois seulement après qu'il aura été dûment mentionné en marge de leur acte de mariage. Il leur serait cependant opposable, en l'absence même de cette mention, si les époux eux-mêmes leur avaient signalé le changement intervenu dans leur régime.

Paragraphe 2. Par décès

1° La date de la dissolution de la communauté est celle du jour du décès, et elle ne continue pas, même si, pour des raisons diverses, l'indivision est maintenue entre le survivant et les héritiers du prédécédé. C'est au jour du décès que l'on se place pour apprécier la consistance, mais non la valeur de la masse commune. Le survivant se trouvera en présence des héritiers de son conjoint, mais les héritiers des époux exercent en cas de dissolution les mêmes droits que les époux qu'ils représentent et sont soumis aux mêmes obligations.

2° Sous l'ancien régime légal, le deuil de la femme est à la charge des héritiers du mari, et pendant trois mois et quarante jours la veuve est logée et nourrie aux frais de la communauté. Sous le régime de communauté conventionnelle du Code de la famille, le survivant, et aussi bien le mari que la femme, a droit pendant les neuf mois qui suivent la dissolution à la nourriture, au logement, ainsi qu'aux frais de deuil, le tout à la charge de la communauté. Ce droit du survivant est exclusivement attaché à sa personne, et ses héritiers ne sauraient éventuellement s'en prévaloir. Le Code de la famille n'est pas applicable aux époux mariés avant sa date d'application, ce qui est regrettable.

3° Sous l'ancien régime légal, la femme survivante doit faire dresser inventaire par un notaire, contradictoirement avec les héritiers du mari, dans les trois mois du jour du décès de celui-ci. Les conséquences du défaut d'inventaire sont très graves :

— la femme ne peut plus renoncer à la communauté ;

— l'époux survivant perd la jouissance légale des biens des enfants mineurs ;

— la femme perd son bénéfice d'émolument.

Sous le régime de communauté conventionnelle du Code de la famille, la femme n'a plus le droit de renoncer à la communauté, mais chacun des époux, que ce soit la femme ou le mari, perdra son bénéfice d'émolument (dont pourront désormais se prévaloir les deux conjoints et non plus seulement la femme) s'il n'a pas fait dresser inventaire dans les neuf mois de la dissolution de la communauté (ce délai peut être prorogé par le juge des référés). De la même façon, l'époux survivant perdra la jouissance des biens de l'enfant mineur s'il a omis d'en faire inventaire.

Paragraphe 3. Par divorce

La date de la dissolution sera différente selon que l'on considère les rapports entre époux ou avec les tiers :

— entre époux, la communauté sera rétroactivement dissoute au jour de la demande en divorce ;

— mais, à l'égard des tiers, c'est la date de la transcription du jugement de divorce sur les registres de l'état civil qui sera prise en considération, le jugement ne produisant aucun effet avant cette date en ce qui les concerne. En conséquence, les créanciers conserveront jusqu'à ce jour les droits acquis par eux contre la communauté, et, à leur égard, le mari-sous réserve de ce que nous avons dit sur ses pouvoirs, pourra valablement disposer des biens communs.

Paragraphe 4. Par séparation de fait

Nous avons vu que le Code de la famille que, en permettant l'intervention de la justice dans ce que l'on a appelé les situations de crise matrimoniale consacre dans une certaine mesure la séparation de fait. Et il le fait à nouveau, parlant de la dissolution de la communauté et les tribunaux admettent que :

« Si, par la faute d'un des époux, toute cohabitation et collaboration avaient pris fin entre eux dès avant que la communauté ne fût réputée dissoute, l'autre conjoint pouvait demander que, dans leurs rapports mutuels, l'effet de la dissolution fût reporté à la date où ils avaient cessé de collaborer. »

Cette possibilité est offerte aussi bien au mari qu'à la femme, et permettra à l'époux innocent de faire remonter l'évaluation de la communauté au jour de la séparation de fait, empêchant ainsi son conjoint de tirer bénéfice de l'activité déployée par lui entre le jour où la cohabitation a cessé et celui de la dissolution effective. Les anciens textes ne considéraient, eux, que la fiction légale, qui voulait que la communauté se poursuive même lorsque l'un des époux avait quitté sa famille et qu'il n'existait plus en conséquence ni vie commune ni intérêts communs.[47]

En vertu de cette fiction légale, l'époux coupable pouvait très bien venir réclamer à son conjoint ou à ses héritiers le partage de la plus-value prise par la communauté entre le jour où il avait quitté son conjoint et celui de la dissolution. Ce qui était inique. Que l'on songe, par exemple, au cas d'une femme commerçante quittée par son mari, qui fasse prospérer le fonds commun, lui donne un essor nouveau et lui apporte par son travail une plus-

[47] H. D. Amboulou, Le divorce et la séparation de corps en droit congolais, L'Harmattan 2010

value considérable. Dix ou quinze ans après l'avoir quittée, son mari pouvait demander le divorce et exiger alors le partage de cette plus-value.

C'est pour éviter des situations choquantes que les rédacteurs du Code de la famille n'ont pas hésité, faisant une nouvelle fois preuve de réalisme, à décider que ce principe serait applicable à toutes les communautés dissoutes après le 1er février 1985, quelle que soit la date de la célébration du mariage.

Son application pourra donner lieu à certaines difficultés et pour deux raisons : tout d'abord, le Code parle à la fois de cohabitation et de collaboration, et exige que l'une et l'autre aient pris fin. Pour la cohabitation, il n'y a pas de problème ; c'est un point dont la preuve pourra être rapportée par tous les moyens. Pour la collaboration, c'est plus délicat, car c'est une notion bien floue dont les tribunaux auront à dégager les contours, en respectant l'esprit de la loi. Il faudra en outre prouver que c'était par la faute d'un des époux que toute collaboration et toute cohabitation avaient cessé, et ce sera d'autant plus difficile, semble-t-il, que la séparation de fait aura duré plus longtemps. N'oublions pas que ces dispositions s'appliquent également si la communauté se dissout par décès, et que, dans ce cas, on pourra se trouver en face de complications supplémentaires. Mais la loi, qui ne pourra s'appliquer qu'à la demande de l'époux innocent et à son profit, permettra de remédier à de grosses injustices, et il faut en conséquence l'approuver, quelles qu'en soient les difficultés d'application.

Le report de la date de dissolution de la communauté aura de multiples effets. On peut notamment citer ceux-ci :

— les économies réalisées sur les revenus de biens propres resteront propres à partir de cette date ;

— les gains et salaires également ;

— les plus-values prises par les biens communs et résultant de l'activité d'un époux lui resteront propres ;

— les meubles acquis à titre gratuit (pour les époux soumis à l'ancien régime de communauté légale) resteront propres.

L'époux qui envisagerait de faire demander l'application de la loi devra donc bien peser les avantages et les inconvénients qui peuvent en résulter de s'y résoudre.

Section 2. Renonciation de la femme à la communauté

1° Cette question est importante et délicate ; c'est pourquoi nous lui consacrons une section spéciale. Cette possibilité a été retirée à la femme sous le régime de la communauté conventionnelle, et la question ne sa posera pas pour toutes les femmes mariées sans contrat après le 1er février 1985 : elles ne pourront plus renoncer à la communauté et, en conséquence, être déchargées de tout passif commun, et conserver en outre pour elles seules leurs biens réservés. Ceux-ci seront obligatoirement partagés, comme tous les biens communs (mais le bénéfice d'émolument subsiste).

On avait réclamé pour elle le maintien de cette faveur, pour la raison qu'elle ne contrôlait pas entièrement la gestion par le mari de la communauté, car les valeurs mobilières, notamment, échappent à sa surveillance.

Mais le législateur de 1984 n'a fait que tirer les conséquences logiques de l'évolution sociale et des mentalités, en supprimant la possibilité de renonciation de la femme, puisqu'il lui confiait la gestion de ses propres, puisqu'il laissait à sa seule administration ses biens réservés, puisqu'il obligeait le mari à obtenir son consentement pour les actes concernant la plupart des biens communs importants, puisqu'en un mot il lui donnait toutes possibilités d'exercer sa capacité. Il était normal qu'en contrepartie il lui interdise d'échapper à ses responsabilités et de se désintéresser du sort d'une communauté qu'elle aura cogérée en grande partie pendant la durée du mariage. Tous les articles anciens du Code civil qui traitaient de la renonciation de la femme à la communauté ont été en conséquence abrogés par le Code de la famille.

2° Pour les époux mariés sous un régime communautaire, conventionnel ou non, avant le 1er février 1985, le problème se présente de façon différente, car la femme, si elle ne s'est pas placée par déclaration conjointe sous le régime de la communauté conventionnelle, conserve toujours le droit de renoncer à la communauté. Nous allons étudier cette possibilité en raison de l'intérêt qu'elle présente pour de très nombreuses femmes.

a) Dissolution par décès

L'article 179 du Code de la famille dispose que le mariage se dissout par la mort d'un époux et par le divorce.

La femme survivante possède une option :

1. Comme elle est copropriétaire des biens entrés dans la masse commune, elle peut, soit accepter la communauté, soit y renoncer.

2. Elle possède un délai de trois mois et quarante jours pour exercer cette option ; si elle meurt avant d'avoir pris parti, ses héritiers auront un nouveau délai de trois mois et quarante jours pour exercer l'option individuellement (certains pouvant refuser, d'autres accepter la communauté).

3. Avant l'expiration de ce délai, elle peut opposer aux créanciers une exception dilatoire (le tribunal attend qu'elle ait pris parti avant de commencer les poursuites) ; par la suite, ils pourront éventuellement attaquer la décision prise par la femme en fraude de leurs droits (si, par exemple, elle renonçait à une communauté bénéficiaire) et accepter la communauté en ses lieu et place. A l'expiration du délai, la femme est présumée acceptante.

4. L'acceptation n'a pas besoin d'être expresse ; elle peut résulter de tout acte dans lequel la femme prend la position de femme commune. La renonciation, par contre, devra être expresse : la femme devra se présenter au

greffe du tribunal de grande instance du domicile du mari défunt, et la renonciation sera inscrite sur un registre spécial.

Conseil au notaire. *Si la femme est indécise, elle fera bien de demander au tribunal un délai supplémentaire pour prendre parti ; celui-ci le lui accordera assez facilement si elle peut alléguer un motif plausible. De la même manière, si, sans préjuger de sa décision, elle veut passer un acte qui pourrait la faire considérer comme acceptante, il sera bon d'en demander l'autorisation au président du tribunal, en précisant bien que cet acte ne l'engage pas.*

Cas pratique

— le tribunal a jugé que le seul fait pour la femme d'avoir suivi un procès en annulation des actes frauduleux accomplis par le mari avant sa mort impliquait pour elle une acceptation de la communauté ;

— le fait d'avoir fait nommer un séquestre sur un immeuble commun a été reconnu valoir acceptation tacite de la communauté ;

— d'une manière générale, on peut dire que toute manifestation de volonté de la femme, si elle n'est pas équivoque (et non démentie), peut constituer l'acceptation tacite, le tribunal appréciant souverainement l'acte ou le concours de faits qui lui sont soumis.

b) Dissolution par divorce

La femme possède la même option qu'en cas de dissolution par décès, et elle l'exerce à partir du jour où le jugement est devenu définitif pendant trois mois et quarante jours. Mais, à la différence de ce qui se passe pour la dissolution par décès, elle court le risque d'être déclarée acceptante en faisant un acte qui laisse préjuger que telle est sa volonté ; par exemple.

Cas pratique

La femme a été déclarée acceptante par le tribunal pour avoir ;

— multiplié les mesures conservatoires, demandé la nomination d'un notaire, proposé par l'intermédiaire de son avocat un règlement amiable à l'avocat de son mari ;

— fait apposer les scellés sur un fonds de commerce commun, puis projeté avec son mari la vente du fonds et le partage du prix, et à cet effet, demandé la levée des scellés ;

— fait des démarches auprès d'un notaire en vue de la liquidation, et demandé à un tiers qu'il lui trouve un acquéreur pour sa maison (qui était, en fait, bien commun).

Si donc la communauté n'était pas bénéficiaire, la femme devait agir avec circonspection et éviter tout acte qui pouvait la faire considérer comme acceptante. Mais inversement, si elle voulait accepter la communauté, elle faisait bien de prendre nettement position.

Dans la pratique, la survivance de ce principe, auquel resteraient soumises les femmes mariées avant le 1er janvier 1985, posait de nombreux problèmes : très souvent ignorée des femmes, cette disposition allait contre leurs intérêts puisqu'elles risquaient de se retrouver renonçantes sans le savoir.

C'est pour éviter cet inconvénient que le législateur de 1984 a dû intervenir en décidant que le principe ne s'appliquerait pas aux mariages contractés avant le 1er janvier 1985 et dissous après le 1er janvier 1985. A partir de cette date, la femme divorcée mariée avant le 1er janvier 1985 ne sera plus présumée renonçante. Cela ne doit évidemment pas la dispenser, s'il y va de son intérêt, de faire connaître sa décision de renoncer à la communauté. La renonciation aux biens communs permet à la femme de conserver pour elle seule ses biens réservés : elle devra donc peser la consistance des uns et des autres. La renonciation est, en principe, irrévocable. Mais il a été jugé qu'une femme pouvait demander l'annulation d'une renonciation qu'elle avait faite en raison d'une erreur substantielle sur l'étendue de ses droits (elle avait cru pouvoir conserver pour elle le fonds de commerce qu'elle croyait propre, alors qu'il était commun).

Cas pratique

— le tribun al a jugé que le seul fait pour la femme d'avoir suivi un procès en annulation des actes frauduleux accomplis par le mari avant sa mort impliquait pour elle une acceptation de la communauté ;

— le fait d'avoir fait nommer un séquestre sur un immeuble commun a été reconnu valoir acceptation tacite de la femme ;

— d'une manière générale, on peut dire que toute manifestation de volonté de la femme, si elle n'est pas équivoque (et non démentie), peut constituer l'acceptation tacite, le tribunal appréciait souverainement l'acte ou le concours de faits qui lui sont soumis.

SECTION 3. LIQUIDATION DE LA COMMUNAUTÉ

L'article 220 du Code de la famille définit les conditions de dissolution et de liquidation de la communauté. Les opérations de liquidation et de partage de la communauté sont pratiquement très compliquées (particulièrement en cas de dissolution par décès, car il faut en même temps liquider la succession du défunt). Il faut, d'abord, que le notaire liquidateur établisse la consistance exacte des trois patrimoines, en faisant sortir de la masse commune les biens propres de chacun des époux. Il fera ensuite le compte de toutes les récompenses dues par la masse commune aux époux et vice versa.

Il calculera enfin exactement le passif de la communauté et celui supporté définitivement par les époux. Ces opérations sont, dans la pratique, liées à celles du partage : nous les séparerons dans notre exposé pour plus de commodité. Le notaire liquidateur devra, en somme, retracer toute l'histoire de la famille (du point de vue pécuniaire) depuis le jour du mariage ; ces opérations durent quelquefois des années. Notons que toute liquidation anticipée (c'est-à-dire avant la dissolution de la communauté) est prohibée par la loi et déclarée nulle. Notamment, les conventions de partage en cas de divorce sont annulées, mais elles produisent leur plein effet si, après le divorce, les époux « maintiennent leur commune volonté ou renouvellent leur accord ».

Conseil au notaire. *Rien n'interdit aux parties majeures de régler elles-mêmes la liquidation et le partage de la communauté : nous ne leur conseillons pas, sauf les cas très simples. L'intervention du notaire n'est pas un luxe ; lui seul saura valablement retracer l'histoire pécuniaire des époux et en tirer les conséquences juridiques.*

Paragraphe 1. Reprises des biens propres

Du fait même de la vie commune, une certaine confusion se sera établie entre les trois patrimoines, et les époux commerceront d'abord par reprendre ceux des biens qui n'étaient pas entrés en communauté, s'ils existent en nature, ou les biens qui y ont été subrogés.

Se reporter à ce que nous avons dit des différentes applications de la subrogation réelle sans que cette énumération soit limitative, car le mécanisme de la subrogation peut être mis en œuvre chaque fois qu'un bien propre se trouve remplacé par un autre bien : ce serait le cas par exemple de l'apport d'un fonds de commerce propre en société : les actions remises en rémunération de cet apport seront-elles-mêmes propres. Les reprises s'exercent aussi sur les accessoires de propre qui sont réputés n'être jamais entrés en communauté. Rappelons ici que tout bien est présumé acquêt de communauté. Pour détruire cette présomption, et éventuellement reprendre un bien quelconque, chaque époux devra prouver son caractère propre.

Et l'on exigera généralement un écrit, la preuve par témoignage ou présomption étant rarement admise, et seulement dans des cas bien précis. Les règles du Code de la famille concernant la preuve seront applicables toutes les fois que les actes ou les faits à prouver seront postérieurs à l'entrée en vigueur de la loi, donc après le 1er février 1985. Mais attention, la loi ne s'applique qu'aux reprises en nature d'un bien existant et non pas aux reprises en valeur résultant du jeu des récompenses.

Paragraphe 2. Récompenses et leur évaluation

La règle est qu'aucun patrimoine ne peut s'enrichir aux dépens d'un autre. S'il le fait, s'il en tire profit, il devra récompense au patrimoine appauvri, et la loi du 17 octobre 1984 donne au mot récompense un sens très large, en prévoyant la possibilité chaque fois que la communauté a tiré profit d'un bien propre indépendamment même, semble-t-il, de tout encaissement de fonds.

1° Récompenses dues par les époux à la communauté

Citons quelques règles traditionnelles :

— si la communauté a payé le prix d'acquisition d'un propre, elle a droit au remboursement de la somme versée par elle ;

— si les deniers communs ont servi à améliorer, réparer un propre, elle aura droit au remboursement intégral lorsque la dépense était nécessaire (l'immeuble propre menaçait ruine) ; si la dépense n'était qu'utile, la récompense sera égale au montant de la plus-value acquise (sans pouvoir être supérieure à la dépense réelle) ; enfin, si la dépense était purement d'apparat, aucun remboursement n'est dû ;

— si la communauté a payé une dette personnelle d'un des époux, elle a droit de se la faire rembourser ;

— même solution si elle a payé en argent une donation pour le compte personnel d'un époux.

2° Récompenses dues aux époux par la communauté

Quelques exemples :

— si la communauté a encaissé une somme d'argent propre (deniers existant au moment du mariage, prix d'aliénation d'un propre non remployé, soulte...), elle doit la restituer ;

— si elle a reçu des biens fongibles qui se sont confondus avec les biens communs, si elle a encaissé des produits de propres qui devaient rester propres, elle doit la valeur de ces biens.

3° Mode de preuve

La question de la preuve de la propriété des biens est réglée par l'article 226 du Code de la famille. En cas de contestation, il importe de savoir dans quelles conditions un époux devra rapporter la preuve que la communauté a tiré profit de son patrimoine propre, et notamment a encaissé des deniers propres. La question peut également se poser, en sens inverse, lorsqu'une récompense pourra être due à la communauté par un patrimoine propre. Nous sommes ici dans un domaine différent de celui des reprises en nature (voir plus haut), où la preuve devra être rapportée en général par écrit. Il s'agit, en effet, non pas de prouver la propriété d'un bien existant, mais de faire la preuve d'un simple fait (qui est, fréquemment, l'encaissement d'une somme d'argent), ce qui sera possible par tous les moyens et même par de simples présomptions de fait. C'est donc la preuve par tous moyens qui sera appliquée dans ce domaine des récompenses et des reprises en valeur.

Conseil au notaire*. Les règles du Code de la famille ne font que consacrer la pratique notariale actuelle : le notaire, en l'absence de contestation, inscrit automatiquement une récompense au profit de chaque époux dès qu'il a vendu un bien propre, sans exiger la preuve que les fonds ont été versés à la caisse commune.*

4° Mode de calcul traditionnel des récompenses

La règle est que la récompense doit être égale à la plus faible des deux sommes entre le profit advenu au patrimoine qui s'est enrichi et la perte subie par celui qui s'est appauvri. Ces deux éléments peuvent se confondre fréquemment, comme dans le cas où la communauté a encaissé les deniers provenant de la vente d'un bien propre sans les réemployer. Ces règles se concevaient au début du XIXe siècle, période de stabilité monétaire, mais conduisaient à de très graves injustices en période de dévaluation dont elles ne permettent pas de tenir compte. Le résultat, c'est que la théorie des récompenses est particulièrement inopérante dès que l'acte générateur de la récompense est ancien.

Exemple : Une femme vend en 1998 un appartement de 1.500 000F ; s'il n'y a pas eu remploi, elle reçoit aujourd'hui 15.000F. L'injustice est flagrante, surtout si l'on imagine que la communauté a employé cet argent à l'acquisition d'un autre appartement qui peut très bien valoir 4.000. 000 de nos francs actuels.

5° Le nouveau mode de calcul

C'est pourquoi les règles du Code de la famille, dans un souci d'équité, prévoient une dérogation capitale à cette règle et permettent que, dans certains cas, la récompense ne soit pas égale à la plus petite des deux sommes qui représente la perte subie et le profit subsistant. En effet la récompense « ne peut être moindre que le profit subsistant quand la valeur empruntée a servi à acquérir, à améliorer ou à conserver un bien qui se retrouve au jour de la dissolution de la communauté dans le patrimoine emprunteur ».

Reprenons l'exemple cité plus haut : en application de cette règle, la récompense due par la communauté serait non plus de 15.000F, mais de 4.000.000F. On déterminera donc désormais la récompense, lorsque le profit consistera en l'acquisition d'un bien nouveau ou en l'amélioration ou la conservation d'un bien déjà existant, qui se trouveront au jour de la dissolution dans le patrimoine débiteur de la récompense, d'après la valeur de ce bien ou la plus-value qu'on lui a apportée.

L'application de ce principe a été refusée dans une espèce où la communauté avait réglé le reliquat de prêts destinés à l'achat d'un immeuble propre à la femme car l'emprunt comme l'acquisition correspondante, avaient été antérieures au mariage, et que, d'autre part, d'après la Cour, la notion de conservation d'un bien ne peut s'entendre que de la sauvegarde matérielle d'un bien et des dépenses évitant la destruction ou la dégradation de ce bien, ce qui exclut « celles qui évitent la perte du droit de propriété » ; on comprend mal cette interprétation restrictive d'un texte d'équité. Le bien acquis ou amélioré a été cédé. La récompense sera évaluée alors en tenant compte de la valeur de ce bien au jour de l'aliénation. Enfin, si le bien acquis ou amélioré a été remplacé par un autre, le mécanisme de la subrogation réelle jouera, et l'on tiendra compte de la valeur du nouveau bien acquis et existant au jour de la dissolution pour apprécier le montant de la récompense.[48]

Ce texte, qui est applicable à toutes les communautés non encore liquidées, va permettre de corriger des injustices criantes. Même si sa mise en œuvre est délicate, voire même dans certains cas impossible quand il s'agira de meubles, et surtout de valeurs mobilières, même s'il ne résout pas tous les problèmes posés par l'érosion monétaire, il constitue un progrès remarquable par rapport aux règles anciennes. La Cour suprême a décidé dans un cas d'espèce que le profit, donc la récompense, devait être apprécié non pas au jour de la dissolution de la communauté, mais à celui de sa liquidation. Cette décision est intéressante, car il peut s'écouler un très long laps de temps entre la dissolution et la liquidation, et le bien à évaluer peut prendre, pendant toute cette durée, une importante plus-value.

6° Résultat de ces opérations et règlement pratique

Une fois calculées les récompenses entre les divers patrimoines, le notaire liquidateur établit le compte respectif des époux, dont seul le solde final, indivisible, importe. On se trouve alors en face de deux situations :

a) Le compte d'un époux est débiteur

Il doit alors en rapporter le montant à la masse commune. On peut procéder pratiquement de différentes façons ; citons le rapport en moins prenant utilisé quand la part de l'époux dans la communauté est supérieure à sa dette ; si la dette était supérieure à sa part dans la communauté, il devrait y avoir rapport réel. La plus grande latitude est laissée aux époux en ce domaine, à la condition évidemment que les droits des tiers sur la communauté ne soient pas lésés.

b) Le compte d'un époux est créditeur

Ou bien il peut exiger le paiement effectif de ce solde, ou bien il peut prélever des biens communs, à due concurrence. Nous avons vu plus haut que chacun des époux reprenait ses biens propres existant en nature. Il s'agit ici d'une opération différente, le prélèvement, qui lui permet, si son compte est créditeur, de prélever des biens communs pour se payer de sa créance. Les

---

[48] H. D. Amboulou, Pratique et déontologie notariales en droit positif précité.

prélèvements doivent d'abord s'exercer sur l'argent comptant, ensuite sur les meubles, et en dernier lieu seulement sur les immeubles communs. L'époux créancier prélèvera les meubles et immeubles qu'il choisit librement ; mais il ne saurait, ce faisant, préjudicier aux droits que son conjoint tiendrait précise dans quelles conditions le conjoint survivant (et éventuellement les héritiers du défaut) peuvent demander soit le maintien de l'indivision, soit l'attribution préférentielle d'un bien commun tel que l'exploitation agricole, la propriété du local d'habitation ou à usage professionnel, les objets mobiliers servant à l'exercice de la profession, l'entreprise commerciale, industrielle ou artisanale.[49]

a) en ce qui concerne les prélèvements, la femme est favorable de deux manières :

— tout d'abord, ses prélèvements s'exercent avant ceux du mari ;

— en cas d'insuffisance de la communauté, elle exerce ses reprises sur les biens personnels du mari (qui, lui, ne peut les exercer que sur les seuls bien communs).

Mais lorsqu'elle exerce ses reprises sur le patrimoine personnel du mari, la femme agit comme un simple créancier (sous réserve de son hypothèque légale régulièrement inscrite). Elle n'a le droit d'exiger qu'un paiement en argent ; il lui est interdit (sauf accord du mari sur une dation en paiement) de prélever un bien en nature ; elle ne peut que faire saisir et vendre les biens personnels du mari. En outre, elle ne sera pas privilégiée (sauf le cas d'une hypothèque légale régulièrement inscrite) et viendra en concours avec les créanciers du mari, car elle n'agit pas en qualité de copropriétaire, comme c'est le cas lorsqu'elle préfère des biens communs. Notons, enfin, qu'en cas de prélèvement de biens communs ce sont les droits de partage de 1% qui sont dus et non les droits de mutation.

SECTION 4. PARTAGE

Une fois établie la consistance des trois patrimoines, les récompenses réglées, les reprises et prélèvements opérés, on doit partager la masse commune pour que cesse l'indivision existant entre les époux ou entre l'un d'eux et les héritiers du prédécédé :

1° On partage ce qui reste de la masse commune pour moitié, quels qu'aient pu être les apports des époux.

2° Si l'on se place au jour de la dissolution pour apprécier la consistance de la communauté (sauf ce que nous avons dit plus haut concernant les situations de séparation de fait), c'est au jour du partage que sa valeur sera appréciée. La masse commune subit, en conséquence, tous les appauvrissements et profite de toutes les plus-values intervenues entre ces deux dates.

[49] H. D. Amboulou, op. cit.

3° Celui des époux qui a diverti ou recelé un bien commun est privé de sa part dans ledit bien.

4° Si le partage en nature n'est pas commode, et ne peut pas être facilement effectué, chacun des époux peut exiger que le bien non partageable soit mis en vente.

5° Mais, dans un certain nombre de cas, il sera possible, soit de rester dans l'indivision et de retarder le partage, soit de se faire attribuer par préférence un bien déterminé.

Sans entrer dans le détail, disons que, d'une façon générale, le conjoint survivant ou les héritiers copropriétaires de certains biens pourront en demander l'attribution préférentielle (à charge par eux de payer la soulte correspondante) ou le maintien dans l'indivision sous certaines conditions (il faut en général qu'il s'agisse d'un bien dont l'importance n'exclut pas le caractère familial, ou d'un bien habité ou utilisé au jour du décès), quand il s'agit notamment de :

— l'exploitation agricole ;

— l'entreprise commerciale, industrielle ou artisanale non exploitée sous forme sociale ;

— la propriété ou le droit au bail du local à usage professionnel servant à l'exercice de la profession, ainsi que les biens mobiliers garnissant un tel local ;

— la propriété ou le droit au bail du local servant effectivement d'habitation (si le conjoint survivant ou l'héritier y avait sa résidence au jour du décès).

Lorsque deux époux ou deux héritiers demandent concurremment l'attribution préférentielle d'un bien, les juges choisissent souverainement celui des deux postulants qui présente les meilleures garanties de bonne gestion.

6° Faisons ici une mention particulière pour le droit au bail :

Le notaire liquidateur, à défaut d'accord amiable, devait l'estimer et l'attribuer par tirage au sort à l'un des époux, ce qui pouvait avoir de graves inconvénients.

Les dispositions que nous venons de rappeler, permettront d'y remédier, puisque le conjoint survivant pourra se faire attribuer préférentiellement le droit au bail si un certain nombre de conditions sont remplies. Rappelons ici que le droit au bail du local d'habitation est réputé appartenir à l'un et à l'autre des époux (quel que soit le régime matrimonial et même si le bail avait été conclu avant le mariage). En cas de divorce ou de séparation de corps, il sera attribué par le tribunal à l'un ou à l'autre des époux, en considération des intérêts familiaux et sociaux en cause.

Conseil au notaire. *L'époux demandeur en divorce ou en séparation aura tout intérêt à veiller à ce que son avocat, dès l'assignation, demande à son profit l'attribution de ce droit à l'appartement, en faisant valoir tous les arguments parmi ceux qu'il peut invoquer.*

SECTION 5. CONTRIBUTION DES ÉPOUX AU PASSIF APRÈS LE PARTAGE

Si le passif commun n'a pas été entièrement acquitté au moment du partage, on appliquera les règles suivantes :

— chacun des époux peut être poursuivi pour la totalité des dettes encore existantes qui étaient entrées en communauté de son chef ;

— il ne peut être poursuivi, par contre, que pour la moitié des dettes entrées en communauté du chef de son conjoint ;

— il contribue pour moitié aux dettes de communauté pour lesquelles il n'était pas dû de récompense, ainsi qu'aux frais entraînés par la liquidation de la communauté ;

— mais il doit supporter seul les dettes qui n'étaient advenues communes que sauf récompense à sa charge ;

— sous l'ancienne communauté légale, la femme jouit du bénéfice d'émolument, si un inventaire a été fait, elle ne supporte les dettes que dans la mesure de l'actif par elle recueilli ;

— sous le régime de la communauté conventionnelle, la femme conserve cette protection. Si un inventaire, de préférence notarial, a été dressé dans les neuf mois de la dissolution (sauf prorogation possible), et à charge de rendre compte, tant du contenu de cet inventaire que de ce qui lui est échu par le partage, et du passif commun déjà acquitté. Mais le bénéfice d'émolument est étendu au mari dans les mêmes conditions.

Cette protection accordée au mari est la contrepartie des pouvoirs accrus donnés à la femme par la loi du 17 octobre 1984, qui peut notamment, par ses dettes professionnelles, grever la communauté d'un passif supérieur à l'actif.

SECTION 6. LIQUIDATION EN CAS DE RENONCIATION DE LA FEMME POUR LES ÉPOUX RESTANT SOUMIS À L'ANCIEN RÉGIME LÉGAL

La femme reprend son patrimoine propre, et si, pour la remplir de ces droits le mari lui remet des biens communs, ce sera en *dation en paiement*. La conséquence fiscale est importante, car ce sont les droits de mutation qui seront perçus. Elle peut, en outre, conserver ses biens réservés ou les retirer de la masse commune, franc et quitte de toutes charges autres que celles contractées dans l'exercice de sa profession, ou pour les besoins du ménage et l'éducation des enfants (même par son mai). Elle est déchargée de toute contribution au passif commun, mais elle reste néanmoins tenue envers les créanciers lorsqu'elle s'est obligée conjointement avec son mari ou lorsque la dette, devenue commune, provenait de son chef ; le tout sauf son recours contre le mari ou les héritiers.

Dans le cadre du droit du divorce, il a été décidé que les époux pourront désormais, sans attendre le jugement du divorce, faire toutes conventions pour liquider leur régime matrimonial (auparavant de telles conventions étaient nulles), sans avoir à se soumettre à la procédure que nous avons étudiée au chapitre 6, lorsqu'ils veulent changer leur régime en cours de mariage et qui les oblige à obtenir l'homologation du tribunal.

Deux articles du Code de la famille (articles 220 et 221) règlementent ces liquidations amiables. Il y est prévu que les époux décident librement des conventions tendant à liquider et à partager entre eux la communauté. Leur seule obligation est de faire appel à un notaire qui dressera un acte notarié. Mais ces conventions n'ont pas d'effet immédiat : leur exécution est suspendue jusqu'au prononcé du divorce et lorsque celui-ci aura pris force de chose jugée.

Une exception à l'obligation de dresser un acte notarié est prévue : en cas de divorce par consentement mutuel.[50] Sur demande conjointe, les époux peuvent s'abstenir de faire appel à un notaire.

Dans ce type de divorce qui est une consécration jurisprudentielle, les époux doivent soumettre au tribunal une convention réglant toutes les conséquences de leur divorce, patrimoniales ou non. On a pensé qu'il était injustifié d'imposer dans ce cas l'intervention d'un notaire, qui est inutile lorsque la consistance de la communauté est nulle ou réduite ; même si les époux ont quelque fortune, leur avocat saura les conseiller pour résoudre les problèmes les plus simples. En outre, la convention est soumise à, l'homologation du juge, qui peut la refuser s'il constate qu'elle n'a pas préservé les intérêts d'un des époux.

En résumé, en cas de divorce par consentement mutuel, pas d'obligation de recourir au notaire (en fait, il le faudra dès que la situation sera un tant soit peu compliquée), mais dans tous les autres cas de divorce, recours obligatoire. Il faut approuver ces dispositions, qui favoriseront les règlements amiables des divorces. Elles vont dans le sens de l'efficacité et du réalisme, et réduiront sans doute de façon sensible le contentieux entre époux, qui seront désormais certains que les arrangements provisoires pris par eux ne pourront pas être remis en cause après le divorce.

[50] Voir, dans la même Collection, notre ouvrage. *Le divorce et la séparation de corps en droit congolais, L'Harmattan, 2010*

CHAPITRE V

CLAUSES DIVERSES MODIFIANT LA COMMUNAUTÉ

En dehors du régime de communauté légal, qui est imposé par la loi à tous les époux qui ne font pas de contrat de mariage, il existe un grand nombre de régimes qui restent communautaires, c'est-à-dire qui se caractérisent par l'existence d'une masse de bien spéciale, propriété pour moitié des deux époux, et qui sont dites conventionnelles en raison des modifications apportées par contrat de mariage au régime légal. Les époux jouissent, en effet, de la plus grande liberté pour, notamment, déterminer la composition et l'étendue de la communauté, en régler le partage, permettre à l'un d'eux d'en conserver certains éléments et, également, pour modifier les règles relatives à son administration. Nous allons passer ici en revue quelques-unes des clauses les plus usuelles, telles qu'elles sont proposées par le Code de la famille. Nous rappellerons également brièvement les clauses le plus fréquemment adoptées avant sa promulgation en 1984, car, les époux qui s'étaient mariés en ayant fait un contrat de mariage, resteront régis par les dispositions de celui-ci.

SECTION 1. CLAUSES RELATIVES À LA COMPOSITION DE LA COMMUNAUTÉ

Paragraphe 1. Communauté de meubles et d'acquêts

1° En adoptant ce régime, les époux se replacent pratiquement, en ce qui concerne la composition de leur patrimoine respectif et de la masse commune, sous l'ancien régime légal de communauté, c'est-à-dire que tous les biens meubles qu'ils possédaient avant leur mariage et tous ceux qui leur échoient ensuite par succession ou libéralité (sauf exclusion expresse de communauté faite par le testateur ou le donateur) vont être communs. Resteront propres cependant les meubles propres par nature.

Il faut noter, en ce qui concerne les immeubles, que, comme sous l'ancien régime légal, l'immeuble acquis par l'un des époux entre la signature du contrat de mariage et la célébration de celui-ci sera commun, contrairement à la règle qui veut que, sous ce régime, tous les immeubles acquis avant le mariage doivent rester propres. Cette disposition se comprend (bien qu'elle vise des cas assez rares dans la pratique), car elle permet d'éviter la fraude consistant à soustraire à la communauté un bien meuble en le transformant avant la date du mariage en immeuble : en vendent, par exemple, un portefeuille de valeurs mobilières pour acquérir un immeuble.[51]

2° En ce qui concerne le passif commun, il comprendra évidemment les dettes qui en feraient partie sous le régime légal, mais, également, une partie de celles dont étaient grevés les époux au moment du mariage et dont vont se trouver chargées les successions et libéralités qui leur écheront pendant leur mariage. Pour la détermination du passif que doit supporter la communauté et de celui qui reste propre aux époux, en ce qui concerne les dettes grevant les successions recueillies par eux et celles qui étaient antérieures au mariage, on établit la consistance et la valeur des biens qui sont communs et de ceux qui restent propres et le passif est proportionnel à l'actif de chacun des patrimoines (pour l'établissement de cette proportion la consistance et la valeur de l'actif se prouvent selon les règles de l'article 226 du Code de la famille).

La communauté est définitivement tenue des dettes dont elle a la charge en contrepartie des biens qu'elle recueille. Notons que la répartition du passif antérieure au mariage (ou de celui grevant les successions ou libéralités au passif commun et au passif propre) ne peut pas être opposée aux créanciers, qui conservent toujours le droit de saisir les biens qui formaient leur gage avant le mariage. Ils pourront même, lorsqu'il sera impossible d'identifier, selon les règles édictées par le Code de la famille le mobilier de leur débiteur et de le distinguer des autres biens communs, poursuivre le paiement sur l'ensemble de la communauté. Nous avons insisté à plusieurs reprises sur les risques résultant de la confusion du mobilier et sur la nécessité d'un inventaire, qui reste, dans tous les cas indispensable. Notons, enfin, une particularité concernant les dettes de la femme, antérieures au mariage : le créancier, pour poursuivre le cas échéant son recouvrement sur la communauté, devra prouver que sa créance avait date certaine avant la célébration du mariage (actes notariés, actes sous seing privé enregistrés, décès d'un des signataires de l'acte, etc.).

3° Il est bien évident que nous déconseillons formellement l'adoption d'une telle clause, qui, replaçant les époux sous l'ancien régime légal, leur en fera supporter tous les inconvénients en ce qui concerne les patrimoines : tous les biens meubles – et l'on sait l'importance qu'ils ont de nos jours – vont faire partie de la masse commune et devront être partagés à la dissolution du mariage. Il y aura très fréquemment inégalité préjudiciable à l'un des époux du seul fait de la composition des patrimoines au moment du mariage : il suffit d'imaginer le cas extrême où le mari ne possède que les immeubles, la femme que des meubles, avant de se marier. Certes la femme, et à la condition qu'elle n'adopte pas la clause d'unité d'administration que nous verrons plus loin,

[51] H. D. Amboulou, op. cit.

aura un droit de contrôle sur la gestion de son mari, puisque les règles du Code de la famille concernant l'administration de la communauté s'appliqueront durant le mariage ; mais il vaut bien mieux, pour supprimer les risques, réduire au maximum la masse commune.

4° Les parents peuvent regretter d'avoir vu leur enfant (et leur fille, en particulier) adopter la communauté de meubles et acquêts ou la communauté. Ils peuvent alors parfaitement léguer tous leurs biens à leur fille, en précisant que ceux-ci seraient exclus de la communauté. Cette disposition est parfaitement valable et ne contrarie pas les stipulations du contrat de mariage qui ne s'imposent pas à eux. Non plus d'ailleurs que la loi de 1984 en ce qu'elle a prévu, en faveur de certains héritiers, une réserve s'opérant par la volonté de la loi, il ne pouvait y être dérogé par celle du père de famille.

C'est ce que plaidait un mari voulant faire annuler le testament de son beau-père, qui avait légué la totalité de sa fortune à sa fille avec exclusion de communauté. Les tribunaux, approuvés par la Cour suprême, ont rejeté son action, car « les règles protectrices des droits de l'héritier réservataire ne peuvent être invoquées que par ce dernier », et « l'époux du gratifié ne peut revendiquer des biens compris dans la réserve de son conjoint au profit de la communauté qui ne possède sur ces biens aucun droit préexistant à leur transmission ».

Paragraphe 2. Communauté universelle

En adoptant ce régime, les époux vont étendre au maximum la consistance de la communauté, puisqu'elle va englober la totalité de leur patrimoine.

1° La communauté comprendra tous les biens, qu'ils soient meubles ou immeubles, qui appartiennent et appartiendront aux époux, si le contrat le stipule ou bien encore on conviendra que seuls les biens présents (mais tous les biens), à l'exclusion des biens futurs, feront partie de la masse commune, ou vice versa.

2° Même si la communauté est stipulée pour tous les biens présents et à venir certains pourront néanmoins rester propres : ceux légués à l'un des époux à cette condition expresse et les meubles qui forment des propres par nature.

3° En principe, toutes les dettes des époux vont devenir communes (sauf une dette grevant une libéralité devant rester propre) ; si la femme pendant le mariage s'était engagée sans l'autorisation de son mari, ses créanciers n'auraient aucun droit et devraient attendre la dissolution pour se faire payer (à moins que la femme n'ait des biens réservés ou encore qu'elle possède un propre).

4° Le régime des biens réservés est appliqué de la même manière que sous le régime légal.

5° la masse commune se partagera à la dissolution par moitié (sauf stipulation contraire) ; le partage sera extrêmement simple, puisqu'il sera inutile de faire le compte des reprises et des récompenses.

Conseil au notaire : *Ce régime multiplie tous les inconvénients de l'ancienne communauté légale. Il présente cependant un intérêt : il sera permis aux époux de stipuler que la communauté appartiendra entièrement au survivant d'entre eux, qui deviendra ainsi, sans payer de droits de mutations, propriétaire de la totalité de la fortune de son conjoint. Il pourrait donc être adopté par des futurs conjoints âgés, n'ayant pas d'enfant et étant certains de n'en pas avoir, qui pourront ainsi éviter légalement le paiement des droits de mutation. Mais il convient d'agir avec une extrême prudence ; il faut que les futurs époux aient une entière confiance réciproque et se connaissent assez pour être sûrs de terminer leur vie ensemble. Il semble bien que ce seul intérêt fiscal puisse être invoqué par les époux déjà mariés, et qui veulent adopter ce régime, pour obtenir l'homologation du tribunal.*

SECTION 2. CLAUSES RELATIVES AU PARTAGE DE LA COMMUNAUTÉ

Le principe posé par la loi est que la communauté se partage par moitié, mais les époux, s'ils le désirent, peuvent stipuler, par exemple, qu'elle sera inégalement répartie entre eux ou bien qu'elle sera attribuée en totalité à l'un d'eux.

Paragraphe 1. Clause de partage inégal

Les époux, par cette clause, décident que le partage se fera dans d'autres proportions que celles prévues par la loi : on stipulera ainsi que l'un d'eux conservera les trois quarts ou les deux tiers de la communauté. On trouvait cette clause quelquefois pour remédier à une inégalité d'apports : elle était alors stipulée au bénéfice exclusif de l'époux qui avait fait à la communauté les plus gros apports, et elle lui permettait d'en recueillir une plus grande part. Mais le plus souvent elle sera stipulée au bénéfice du survivant d'entre les époux, qui sera ainsi favorisé : cette clause sera particulièrement utile à la femme en cas de prédécès du mari.

Mais, de toute façon, chacun des époux supportera le passif commun proportionnellement à la part par lui recueillie : il est interdit de dire, par exemple, que la femme aura droit aux trois quarts de la communauté, mais ne supportera qu'un quart des dettes. Toute stipulation de ce genre est nulle et entraînerait la nullité de la clause de partage inégal.[52] Cette clause sera à conseiller chaque fois que les époux ne possèdent pas d'enfants d'un premier

[52] H. D. Amboulou, op. cit.

lit et qu'on peut raisonnablement penser qu'ils n'auront pas de descendants ; elle évitera au survivant de devoir partager la communauté avec des parents éloignés de son conjoint.

Paragraphe 2. Attribution totale de la communauté à l'un des époux

Dans ce cas, l'un des époux est privé totalement de sa part dans la communauté, qui est attribuée en totalité à son conjoint (ceci est formellement interdit dans le droit des sociétés) ; La clause peut être, stipulée au profit indifféremment d'un seul ou des deux époux, mais elle doit, à peine de nullité, être subordonnée à la condition de survie.

Cependant les héritiers de l'époux prédécédé auront le droit de reprendre les apports et capitaux tombés en communauté du chef de leur auteur, à moins que le contrat de mariage n'en ait expressément et sans équivoque décidé autrement (auquel cas le survivant recevrait réellement l'intégralité de la masse commune). L'époux qui retient la totalité de la communauté est obligé d'en acquitter toutes les dettes. La femme ne pouvait, avant la loi de 1984, bénéficier de cette clause que si elle acceptait la communauté (à la différence de la clause de reprise des apports francs et quittes, qui joue même en cas de renonciation de la femme).

Disons que, dans la pratique, on subordonne toujours cette clause à la non-survenance d'enfants issus du mariage, car généralement les époux veulent bien avantager leur conjoint au détriment de parents plus ou moins proches, mais pas au détriment de leurs propres enfants. On peut également prévoir, au bénéfice de l'époux survivant, l'attribution de la part de son conjoint prédécédé, mais en usufruit seulement et non pas en pleine propriété, ce qui est à recommander chaque fois que l'on se trouvera en présence d'enfants. Notons enfin que si la communauté se dissout du vivant des époux, celui au profit duquel une telle clause aurait été stipulé en conserve ses droits pour le cas de survie, mais les perd s'il y a eu un jugement de divorce ou de séparation de corps prononcé contre lui.

Section 3. Clause permettant le prélèvement d'un bien commun avant le partage

Au lieu de modifier les règles du partage, les époux peuvent convenir que, soit l'un d'eux, soit le survivant, prélèvera sur la masse commune certains biens.

Paragraphe 1. Clause de prélèvement moyennant indemnité

Il existe des clauses très fréquemment utilisées par la pratique notariale pour permettre le prélèvement d'un bien commun moyennant indemnité. Les époux peuvent stipuler que le survivant ou l'un d'eux, s'il survit, ou même encore l'un d'eux, quelle que soit la cause de dissolution de la communauté, aura la faculté de prélever, s'il le désire certains biens communs. Il devra naturellement en tenir compte à la communauté d'après la valeur que les biens prélevés par lui auront le jour du partage.

Cette clause sera extrêmement utile, car elle permettra le plus souvent au conjoint survivant (mais les dispositions du Code de la famille permettent aux époux de le stipuler, quelle que soit la cause de la dissolution de la communauté, ce qui est très important) de conserver un élément d'actif indispensable à la famille. On pourra de la sorte éviter le partage et même, éventuellement, la liquidation d'un bien sur lequel était fondée la prospérité de la famille : fonds de commerce, exploitation agricole…

Il sera donc très important de régler par contrat de mariage, pour éviter toute discussion, les bases d'évaluation du bien prélevé pour déterminer de façon précise la récompense qui sera due à la communauté. Il sera bon également de prévoir le cas d'une soulte éventuelle qui sera due par l'époux bénéficiaire de cette clause si la valeur des biens prélevés par lui excède sa part dans la communauté, et stipuler à son profit (en tout cas lorsque la clause est prévue dans le cas de survie) des délais raisonnables pour lui permettre de s'acquitter de sa dette.

A défaut d'accord entre les parties, ce sera le tribunal de grande instance qui fixera la valeur des biens prélevés après avoir prescrit une expertise. La clause de prélèvement moyennant indemnité n'est qu'une faculté réservée à l'époux au profit duquel elle a été stipulée, et non pas pour lui une obligation. Il faut donc qu'il prenne parti, et l'on peut légitimement craindre que son indécision ne retarde abusivement les opérations de partage, et, éventuellement, de règlement de succession. C'est pourquoi les règles du Code de la famille ont prévu que son conjoint ou ses héritiers pourront le mettre en demeure d'exercer sa faculté de prélèvement.

Cette mise en demeure ne pourra lui être faite que neuf mois après la date de dissolution de la communauté. L'époux bénéficiaire a alors un délai d'un mois pour prélever les biens fixés par la clause du contrat de mariage. S'il ne le fait pas, il perd tous ses droits de prélèvement, et les opérations de partage se poursuivent normalement sans tenir compte de ces clauses. Notons, enfin, que ce prélèvement est considéré comme une opération de partage.

Conseil au notaire*. La valeur des biens prélevés sera imputée sur la part de l'époux bénéficiaire, et c'est seulement – nous l'avons vu plus haut – dans la mesure où la valeur excédera sa part qu'il y aura lieu à versement d'une soulte. Les époux, cependant, peuvent parfaitement prévoir dans le contrat qu'en cas de besoin l'indemnité due par le bénéficiaire s'imputera* *subsidiairement sur ses droits dans la succession de son prédécédé. Rappelons qu'il sera désormais possible de prévoir par contrat la faculté pour le survivant de se faire attribuer non seulement un bien commun, mais également un bien personnel du prémourant.*

Paragraphe 2. Préciput

C'est la faculté au survivant des époux ou à l'un d'eux, s'il survit, de prélever sur la communauté, avant tout partage, soit certains biens en nature, soit une certaine somme d'argent, soit encore une certaine quantité d'une espèce déterminée de biens, mais, à la différence de ce que nous venons de voir pour la clause de prélèvement moyennant indemnité, le bénéficiaire ne devra rien à la communauté.

Ces clauses permettent donc incontestablement d'avantage le survivant des époux au détriment de la succession du prédécédé. C'est pourquoi il faut les utiliser, croyons-nous, avec discrétion et ne pas les étendre à des biens de très grosse valeur (ceci en fonction de la fortune des époux). En effet, ce privilège ne sera jamais considéré comme une donation, mais comme une convention matrimoniale, et échappera ainsi à la critique éventuelle des héritiers de l'époux désavantagé (sauf toutefois s'il existe des enfants d'un premier lit). Si la communauté se dissout du vivant des époux, il n'y a pas lieu à la délivrance du préciput, mais l'époux bénéficiaire conserve ses droits s'il survit et à condition qu'il n'y ait pas eu un jugement de divorce ou de séparation de corps prononcé contre lui. Dans ce cas, l'époux bénéficiaire peut exiger une caution de son conjoint. Notons, enfin, que ces clauses ne sont pas opposables aux tiers, elles ne produisent d'effets qu'entre époux, et le créancier conserve toujours le droit de saisir la totalité de la communauté et de faire vendre les biens compris dans le préciput. L'époux lésé pourra dans ce cas exercer un recours sur le reste de la communauté.

Paragraphe 3. Clause de stipulation des propres

Les deux clauses précédentes constituent pour le bénéficiaire une option, une faculté, dont il peut ou non faire usage, et seulement à l'époque de la dissolution de la communauté. Toute autre est la clause de stipulation de propre par laquelle les époux déclarent dans leur contrat de mariage que tel bien sera propre à l'un des époux (moyennant en général, s'il y a lieu, récompense à la communauté), qui a pour effet de rendre, dès son acquisition, propre le bien concerné, qui ne tombe à aucun moment dans la communauté et se trouve définitivement exclu du partage. Il a été jugé que la renonciation au bien attribué en vertu d'une stipulation de propre s'analysait comme une mutation (et entraînait en conséquence le paiement des droits de mutation et non des droits de partage).[53]

SECTION 4. CLAUSES RELATIVES À L'ADMINISTRATION DE LA COMMUNAUTÉ

Paragraphe 1. Clause de la main commune

Par cette clause, les époux peuvent convenir qu'ils administrent conjointement la communauté, ce qui veut dire que tous les actes, aussi bien de dispositions que d'administration, passés sur les biens communs devront être faits sous la signature conjointe du mari et de la femme. Ces règles s'appliqueront même aux biens réservés de la femme, qui, rappelons-le, sont des biens communs. Ce régime établit donc une cogestion totale par les époux de l'ensemble du patrimoine commun, et théoriquement, tout au moins, concrétise parfaitement l'égalité entre l'homme et la femme. On peut penser que les époux qui adopteront cette clause auront à faire face à certaines difficultés, ne serait-ce que dans les opérations bancaires et boursières, qui exigent des décisions rapides et des ordres immédiats. La cogestion se justifie parfaitement dès qu'il s'agit d'actes de disposition. Elle devient beaucoup plus contestable lorsqu'elle vise de simples actes d'administration, même anodins. C'est pourquoi nous ne conseillons pas cette clause dite de la main commune, même si elle est philosophiquement justifiable.

Paragraphe 2. Clause de représentation mutuelle

En adoptant cette clause, les époux se donnent pouvoir d'administrer réciproquement les biens communs, y compris les biens réservés de la femme, et tous les actes faits par l'un seront automatiquement opposables à l'autre sans discussion ni recours. Soulignons qu'elle ne vise que les actes d'administration et absolument pas les actes de disposition, qui doivent être faits éventuellement du consentement commun des deux époux. Cette clause est en quelque sorte l'opposé de celle de la main commune, puisqu'elle permet à chacun d'eux d'agir librement en engageant son conjoint. Elle ne vise, certes, que des actes d'administration, mais il faut rappeler que certains d'entre eux, comme le bail, ont des conséquences aussi importantes que les actes de disposition,, en raison de la protection accordée par la loi aux preneurs, commerçants, agriculteurs ou simples locataires d'un local à usage d'habitation. C'est pourquoi il conviendra de l'adopter avec une extrême prudence.

[53] H. D. Amboulou, op. cit.

Paragraphe 3. Clause d'unité d'administration

En adoptant cette clause, les époux confient au mari l'administration des biens propres de sa femme. Elle a pour effet de faire entrer dans l'actif commun la jouissance des propres des deux époux, la communauté supportant, évidemment les charges fruitières correspondantes. La femme ne peut plus engager que la nue-propriété de ses propres et ses biens réservés, sauf toutefois, notons-le, s'il s'agit d'engagements professionnels ou des dettes. C'est-à-dire, notamment, celles contractées pour l'entretien du ménage ou d'éducation des enfants. Le mari fait seul tous les actes d'administration sur les biens propres de sa femme, mais, en ce qui concerne les baux, seuls seront opposables à la femme, à la dissolution, les baux de moins de neuf ans, car le mari est soumis aux règles concernant l'usufruitier.

Le Code de la famille a expressément prévu le cas des valeurs mobilières propres à la femme : si à la dissolution le mari ne peut pas les représenter en nature, il sera comptable de leur estimation à cette date s'il ne peut pas justifier d'un emploi utile ou d'une aliénation faite avec le consentement de sa femme. Cependant, si ces valeurs mobilières ont été, soit amorties, soit remboursées par l'établissement émetteur, il ne sera évidemment comptable que du montant des amortissements ou des remboursements perçus par lui au cours du mariage. Notons, enfin, que le mari répondra envers sa femme de toutes les fautes qu'il a commises dans son administration.

Cette clause, qui redonne au mari tous les pouvoirs qu'il avait sous l'ancien régime légal en lui confiant l'administration des biens propres de sa femme, paralyse complètement celle-ci. Elle est à notre avis à proscrire absolument, car, malgré toutes les mesures imaginées par la loi et la jurisprudence pour protéger la femme, celle-ci sera le plus souvent désarmée devant un mari indélicat, imprudent ou simplement malchanceux. Elle témoigne de la grande souplesse du Code de la femme, qui, par combinaison de cette clause et de celle de la communauté de meubles et acquêts, permet pratiquement aux époux de se replacer sous l'ancien régime de communauté légal. Nous allons consacrer une grande partie de la deuxième édition de cet ouvrage à en démontrer les graves inconvénients, et nous déconseillons l'adoption de cette clause, comme aussi bien celle de la communauté de meubles et d'acquêts.

Section 5. Rappel des principales clauses usuellement utilisées avant le Code de la famille

Nous croyons devoir, très brièvement, rappeler les clauses les plus fréquemment adoptées par les époux avant la loi de 1984, car ceux-ci peuvent rester régis, s'ils le désirent, par les dispositions de leur contrat de mariage.

1° Clause d'ameublissement

Par cette clause, les époux faisaient entrer dans la masse commune un bien qui, d'après les règles de l'ancien régime légal, en aurait été exclu. Et comme l'ancienne communauté comprenait tous les meubles, il suffisait d'ameublir un meuble pour qu'il en fasse partie.

2° Clause de séparation de dettes

Elle résultait automatiquement de l'adoption du régime de communauté réduite aux acquêts, mais on la trouvait fréquemment stipulée chaque fois que les époux choisissaient un régime de communauté autre que ce dernier. L'effet de cette clause était que chacun des époux restait chargé de ses dettes personnelles.

3° Clause d'apport franc et quitte

C'est celle par laquelle un époux faisant un apport à la communauté déclarait qu'un bien n'était grevé d'aucune dette antérieure au mariage.

4° Forfait de communauté

Par cette clause, on stipule que l'un des époux ne prendra à la dissolution qu'une somme fixe pour tout droit dans la communauté (cette somme étant due même si la communauté était déficitaire).

5° Clause de reprise d'apports francs et quittes

Elle ne pouvait être stipulée qu'au profit de la femme et lui permettait de reprendre à la dissolution tous ses apports et éventuellement les biens qui lui étaient échus pendant la durée du mariage, nets de toute dette de communauté.

6° Clause de remploi obligatoire

Elle obligeait le mari à remployer les deniers provenant de l'aliénation des propres de sa femme. Elle stipulait quelquefois que le remploi devait s'effectuer dans certaines catégories de biens. Son avantage est de conserver l'intégrité des patrimoines propres, mais elle peut créer de sérieuses difficultés aux époux. C'est pourquoi, sauf circonstances spéciales, nous le déconseillons en principe.

7° Clause d'annexe de propres

Elle permettait, à la dissolution, à l'un des époux de conserver un bien propre avec toutes ses annexes, acquisitions et accroissements. Elle prévoyait généralement une option en faveur du bénéficiaire. En raison des dispositions de la loi de 1984, qui s'applique à toutes les communautés dissoutes après l'entrée en vigueur, cette clause n'aura plus grand intérêt quand elle visera des immeubles ; mais les meubles sont exclus de son champ d'application. Il faudra donc, en ce qui concerne, et notamment dans le cas d'un fonds de commerce propre, qui est un meuble, prévoir dans le contrat de mariage une telle clause pour éviter son démembrement éventuel (voir quatrième partie : les commerçants et le mariage).

CHAPITRE VI

LA SEPARATION DE BIENS CONVENTIONNELLE

Le Code de la famille traite de la séparation des biens en ses articles 225 à 228. Apparemment, ce régime est celui qui correspond le mieux aux tendances séparatistes modernes. Il laisse aux époux la plus grande liberté compatible avec les pouvoirs que le mari tient de la loi en tant que chef de la famille ; il permet à la femme le plein exercice de sa capacité qui, sous les régimes de communauté (et surtout sous l'ancien régime de communauté légale), pouvait être plus ou moins restreinte. La séparation sera conventionnelle, si c'est le contrat de mariage qui la stipule, ou judiciaire.

SECTION 1. PROPRIÉTÉ DES BIENS

a) la situation patrimoniale de chacun des époux est modifiée au minimum : ils conservent la propriété de tous les biens possédés au moment du mariage, comme de ceux qu'ils acquerront par la suite, aussi bien à titre onéreux qu'à titre gratuit. Il n'existe, en effet, pas de masse commune qui recueille certains biens, chacun est propriétaire de son patrimoine, de ses revenus, de ses gains, de ses économies.

b) corrélativement et nécessairement, ce régime emporte séparation de dettes, chacun des époux étant seul chargé du passif personnel antérieur et postérieur au mariage (sauf ce qui sera dit plus loin de la contribution aux charges du ménage).

SECTION 2. POUVOIRS DES ÉPOUX SUR LEUR PATRIMOINE

1° Chacun des époux a tous pouvoirs sur son patrimoine : il jouit librement de ses revenus, qu'il perçoit lui-même et dont il donne valablement quittance. Non seulement chacun des époux administre seul son patrimoine, mais il a le droit d'aliéner ses biens sans l'autorisation de son conjoint, de les hypothéquer, d'emprunter. Il accepte ou refuse seul les successions à lui échues ; il exerce toutes les actions en justice, soit comme demandeur soit comme défendeur ; il peut se faire ouvrir sous sa seule signature un compte en banque et faire valablement toutes opérations. Ce régime était le seul à donner à la femme le plein exercice de sa capacité sans contrôle de son conjoint, dont l'autorisation n'est pas nécessaire.

2° Cependant les règles du Code de la famille ont limité les pouvoirs absolus que les époux mariés sous le régime de la séparation de biens détenaient jusqu'alors sur leur propre patrimoine, puisqu'il leur sera impossible désormais de disposer seuls des droits assurant le logement de la famille : c'est-à-dire qu'il leur sera interdit, par exemple, de vendre seuls un appartement dont ils sont propriétaires, si la famille y est logée, de résilier le bail du logement familial.

3° Rappelons pour mémoire que sous l'ancien régime si la femme séparée de biens aliénait un de ses immeubles sans autorisation de son mari, celui-ci n'était pas responsable du défaut d'emploi ou de remploi du produit de cette vente, sauf si elle avait été conclue en sa présence ou avec son consentement. D'après le même texte, le mari en restait également responsable si la femme pouvait prouver que le prix de vente lui avait profité. Le Code de la famille se préoccupe, et à juste titre, des conditions d'emploi et de remploi sous le régime de la séparation de biens. En effet, s'il est bien vrai que théoriquement chacun des époux peut agir seul et n'a pas besoin de l'autorisation de l'autre pour aliéner un bien propre, il n'en reste pas moins qu'en pratique la femme risque de demander l'assistance et l'aide de son mari. Celui-ci peut s'ingérer dans les opérations d'aliénation, ou d'encaissement. Il peut recevoir lui-même le prix de vente des biens propres de sa femme ; il peut, enfin, en faire son profit.

Dans ces trois cas, le conjoint sera garant du défaut d'emploi ou de remploi des biens de l'autre, et ces dispositions, qui sont théoriquement applicables aussi bien au mari qu'à la femme, concerneront dans la pratique surtout celle-ci.

Ce Code illustre l'égalité reconnue entre la femme et le mari, puisque les deux époux, et non pas seulement le mari, comme autrefois, peuvent être dans certaines conditions rendus responsables du défaut d'emploi des biens de leur conjoint, et également le réalisme des rédacteurs du Code de la famille, qui ne se sont pas contentés de faire du droit théorique, mais se préoccupent des situation réelles courantes.

SECTION 3. ADMINISTRATION PAR L'UN DES ÉPOUX DU PATRIMOINE DE SON CONJOINT

Cette question est précisée par l'article 228 du Code de la famille.

1° Chaque époux peut donner à son conjoint un mandat : visant des actes d'aliénation, il sera spécial et s'étendra à des biens déterminés, visant les actes d'administration, il pourra être général. Le mandat expressément donné au conjoint est toujours révocable, et il sera permis au mandant, quand il le désirera, de prendre l'administration de ses biens ou encore de la confier à un tiers. Si la procuration ne l'y oblige pas de façon expresse, l'époux mandataire sera dispensé de tenir compte des fruits. Cette disposition a été prise par analogie avec ce qui avait été décidé pour les régimes de communauté, mais elle se justifie beaucoup moins : en effet, s'il est logique de dispenser, sous le régime de communauté, l'époux gérant les biens de l'autre de rendre compte des fruits qui tomberont naturellement en communauté, il aurait été plus équitable d'obliger l'époux mandataire à rendre compte de fruits qui, sous un régime de séparation de biens, risquent de rester sa propriété personnelle.

2° Si l'un des époux (le mari ou la femme) prend en main la gestion des biens de l'autre au su et au vu de celui-ci, mais sans opposition de sa part, il sera censé avoir reçu un mandat tacite qui couvrira les actes d'administration (mais évidemment pas les actes de disposition). Il sera responsable envers son époux, tout comme un mandataire ordinaire, mais ne sera comptable que des fruits existants. Cependant, s'il avait négligé d'en percevoir, ou si frauduleusement il en avait consommé, il en serait responsable, mais seulement pour les cinq dernières années. En prévoyant ce délai duquel la responsabilité de l'époux agissant en vertu d'un mandat tacite ne pourra plus être cherchée, on a voulu diminuer les risques de contentieux conjugal.

Cas pratiques

a). deux époux exploitent ensemble un domaine agricole appartenant à la seule épouse. Le mari commande des aliments pour bestiaux, qui ne sont pas payés, et son créancier obtient sa condamnation ainsi « celle de sa femme, qui se pourvoit en cassation. Elle prétend que l'existence d'une société de fait entre elle et son mari n'étant pas prouvée, elle ne pouvait être débitrice d'une dette engagée par celui-ci. Le pourvoi est rejeté, car la dette a été contractée dans son seul intérêt, et elle avait directement profité des fournitures du créancier pour la bonne marche de son exploitation. Mais la Cour aurait tout aussi bien pu faire appel à la théorie du mandat tacite donné par la femme à son mari pour la gestion du domaine lui appartenant.

b). en l'absence du mari, une femme accepte deux lettres de change créées par lui, qui ne sont pas payées à l'échéance. Le mari déni à l'acceptation de sa femme la valeur d'un engagement pris en vertu d'un mandat tacite de gestion des biens d'un conjoint par l'autre. La Cour refuse de suivre l'argumentation du mari et le condamne à payer les deux traites. Mais la Cour suprême casse le jugement, car les juges d'appel auraient dû rechercher « si la femme avait pris en main la gestion des biens de son mari, au su et au vu, et sans opposition de ce dernier », ce qui ne pouvait en tout cas pas être inféré de la simple signature de deux lettres de change acte isolé en l'occurrence.

3° Mais, si l'un des époux s'est immiscé dans la gestion des biens de l'autre, au mépris d'une opposition évidente et constatée de son conjoint, il sera responsable de toutes les conséquences de sa gestion et comptable, sans aucune limitation, de tous les fruits perçus par lui, consommés frauduleusement ou qu'il aurait négligé de percevoir.

4° Les dispositions du régime primaire sont applicables à la séparation de biens comme à tous les régimes matrimoniaux, et il a été jugé qu'il y avait solidarité entre deux époux pour le règlement de cotisations dues à une caisse de retraite (le mari était médecin), les cotisations, fixées par la loi, n'étant pas excessives et le contrat étant utile puisque devant profiter aux deux époux.

SECTION 4. LA CONTRIBUTION AUX CHARGES DU MÉNAGE

Les époux contribuent aux charges du ménage conformément à l'article 169 du Code de la famille. Sous le régime de séparation de biens, la femme dispose de ses revenus, qu'elle touche personnellement, et il faut donc prévoir la façon dont chacun des époux va s'acquitter des charges du ménage. Si le contrat de mariage est muet sur ce point, ce sont les règles générales qui s'appliqueront, c'est-à-dire que chacun y contribuera en fonction de ses facultés respectives, étant entendu, comme nous l'avons dit plus haut, qu'il sera tenu compte de l'activité de la femme au foyer ou de sa collaboration à la profession du mari. Mais la plus grande liberté est laissée aux époux, qui peuvent très bien prévoir par contrat une autre répartition. Il est possible, par exemple, de stipuler que le mari administrera tel bien personnel de la femme dont il aura la jouissance et qu'en contrepartie il acquittera seul les dépenses du ménage, ou bien encore que la femme sera libérée en versant entre les mains du mari une somme d'argent déterminée.

Conseil au notaire. *Il semblerait logique de vouloir fixer la contribution de chacun des époux en fonction de leur fortune respective, et de dire, par exemple, que le mari supportera les trois cinquièmes, la femme les deux cinquièmes des charges du ménage. Cette clause peut être assez illusoire, car il suffirait au mari, chef de famille, d'élever arbitrairement le train de vie du ménage pour que tous les revenus de la femme soient absorbés. Il est préférable de stipuler que la contribution de la femme ne saurait dépasser le tiers ou la moitié de ses revenus, et que, en cas d'héritage, la part de l'un et de l'autre des époux sera augmentée. Notons, enfin, que toutes ces clauses seront sans effets si l'un des époux devient insolvable, son conjoint devant alors assurer seul l'entretien de la famille.*

En principe, la femme doit remettre au mari, chef de famille, le montant de sa part contributoire ; et, si elle refuse, celui-ci pourra faire saisir une partie de ses revenus par la procédure simplifiée prévue par la loi. En fait, la femme ne remet généralement pas à son mari sa contribution, mais elle paie certaines dépenses du manage qu'elle engage elle-même, ce qui présente un avantage pratique, car elle va posséder les quittances des somme payées par elle, et elle pourra les opposer aux créanciers qui voudraient discuter le versement de sa contribution.

Quelle est la valeur des clauses fixant la contribution aux charges du ménage vis-à-vis des tiers ? L'obligation d'entretenir le ménage pèse, sous le régime de séparation de bien comme sous les autres, à titre principal sur le mari. L'article 169 du Code de la famille sera applicable, c'est-à-dire que toute dette engagée par l'un des époux pour l'entretien du ménage et l'éducation des enfants engagera solidairement son conjoint, sauf naturellement pour des dépenses manifestement excessives eu égard au train de vie du ménage et pour les achats à tempérament.

La Cour suprême a décidé que l'impôt sur le revenu ne figure pas au nombre des charges du mariage auxquelles les deux époux doivent contribuer, car il constitue la charge directe des revenus d'un époux. Elle a en conséquence approuvé une Cour d'appel qui avait fait droit à la demande d'un mari tendant à se faire rembourser par sa femme les impôts qu'il avait payés pour elle pendant plusieurs années. Cette solution, valable en droit civil, n'est pas transposable au droit fiscal qui a ses propres règles et son autonomie.

La Cour suprême a approuvé une décision qui avait rejeté l'action de la femme séparée de biens contre son mari, tendant à se faire remettre la moitié du prix de vente d'un immeuble acquis en indivision par les deux époux : la femme, pendant six ans, ne s'était pas acquittée de sa contribution aux charges du ménage, et son mari avait retenu sa part dans le prix de vente de l'immeuble ; or, rien n'interdit de régler (ou de retenir) le montant total des échéances en capital. Aux termes l'article 169 du Code de la famille, les époux contribuent aux charges du ménage en proportion de leurs ressources.

SECTION 5. LIQUIDATION

1° A la dissolution, la liquidation sera extrêmement simple, chacun des époux reprenant son patrimoine qui n'a jamais cessé de lui appartenir. Mais, du fait même de la vie commune, et bien qu'il n'existe pas de masse commune, une certaine confusion se sera produite en fait entre les biens des époux.

Certaines questions de preuve vont donc se poser, et le principe dans ce domaine est qu'aussi bien vis-à-vis du conjoint qu'à l'égard des tiers la preuve de la propriété exclusive d'un bien pourra être rapportée par l'un des époux par tous les moyens.

2° Il n'y aura pas de difficultés pour les immeubles dont les titres de propriété se retrouveront. Notons que le remploi est automatique, sans aucune formalité spéciale : si l'un des époux aliène un de ses immeubles et, avec le produit de cette vente, en achète un autre, il en sera propriétaire, même en l'absence de la double déclaration obligatoire sous le régime légal. Pas de difficultés non plus pour les meubles incorporels importants tels que les fonds de commerce.

3° Pour les meubles corporels, et particulièrement lorsqu'ils sont possédés en commun (par exemple ceux qui garnissent l'appartement occupé par les époux), la situation est plus délicate, car très souvent les époux n'auront pas songé à se ménager les preuves nécessaires : et, même si elles ont existé au moment de l'acquisition, elles peuvent avoir disparu.

4° C'est ce qui fait l'intérêt des présomptions de propriété que l'on peut insérer dans le contrat de mariage. Les plus usuelles d'entre elles stipulent que les effets, vêtements, bijoux…, à l'usage personnel de chacun des époux lui appartiendront par moitié. Exemples de présomptions de propriété telles qu'on les trouve généralement dans un contrat de mariage :

— les effets, linge, vêtements, bijoux, dentelles, fourrures et objets à l'usage personnel de l'un ou de l'autre des époux, à celui d'entre eux à l'usage personnel ou plus particulier duquel la nature de ces biens indiquera qu'ils doivent servir.

— il en sera de même pour tous objets à usage professionnel. Toutefois, chacun des époux restera propriétaire des bijoux de famille qu'il possédait avant le mariage ou qui proviendront de successions par lui recueillies ou des dons ou legs à lui faits, et ce, bien que ces bijoux soient à l'usage personnel de l'autre époux ;

— les meubles meublants et objets mobiliers à l'usage commun du ménage qui se trouveront dans les lieux où les époux demeureront ou résideront en communauté (quel que soit le propriétaire de l'immeuble ou de titulaire du bail), à chacun des époux par moitié.

— il en sera de même pour les voitures automobiles de tourisme, quel que soit le titulaire du permis de circulation. Toutefois ? Chaque époux sera propriétaire de la vaisselle et de l'argenterie à son chiffre ou à celui de sa famille ;

— les titres et valeurs nominatifs, parts et droits sociaux, ainsi que les créanciers au titulaire ; les valeurs au porteur en dépôt et les espèces en dépôt ou en compte courant, à celui des époux titulaire du compte ou du dépôt ; les valeurs, sommes ou objets qui se trouveraient dans un coffre-fort tenu en location, à l'époux locataire dudit coffre ;

— les immeubles et fonds de commerce, à celui des époux au nom duquel l'acquisition aura été faite, et aux deux si l'acquisition a été faite au nom des deux ;

— enfin, les valeurs au porteur et deniers comptants trouvés dans les lieux occupés en commun par les époux, à chacun des époux par moitié. Il est entendu que ces diverses présomptions produiront leur effet, sauf preuve légale contraire, et seront opposables aux tiers.

Quelle est la portée de ces clauses ? On ne doit pas y attacher de valeur absolue, ce ne sont que des présomptions dont on pourra démontrer la fausseté, en produisant la preuve contraire si elles ne correspondent pas à la réalité ; mais leur avantage est certain, puisqu'elles renversent le fardeau de la preuve, qui est souvent très difficile à produire. Les présomptions de propriété sont valables entre époux ; nous devons dire qu'elles risquent de susciter des difficultés à la dissolution si restent en présence les héritiers du prédécédé et le survivant : ce dernier peut, en effet, facilement faire disparaître certaines preuves qui permettraient aux héritiers de montrer que tels meubles étaient la propriété de leur auteur.

Mais ces présomptions énoncées par le contrat de mariage sont également valables à l'égard des tiers, ce qui présente un grand intérêt. Cependant, ceux-ci, pour apporter en cas de besoin la preuve contraire, pourront le faire par tous les moyens propres à établir que les biens n'appartiennent pas à l'époux que la présomption désigne, ou même encore, ce qui est très important, que s'ils lui appartiennent, c'est parce qu'il les a acquis par une libéralité de son conjoint. Notons, enfin, que les biens sur lesquels aucun des époux ne peut justifier d'une propriété exclusive seront réputés leur appartenir indivisément par moitié.

Exemple de présomptions de propriété telles qu'on les trouve généralement dans un contrat de mariage :

« Les effets, linge, vêtements, bijoux, dentelles, fourrures et objets à l'usage personnel de l'un de l'autre des époux, à celui d'entre eux à l'usage personnel ou plus particulier duquel la nature de ces biens indiquera qu'ils doivent servir.

« Il en sera de même pour tous objets à usage professionnel. Toutefois, chacun des époux restera propriétaire des bijoux de famille qu'il possédait avant le mariage ou qui proviendront des successions par lui recueillies ou des dons ou legs à lui faits, et ce, bien que ces bijoux soient à l'usage personnel de l'autre époux.

« Les meubles meublants et objets mobiliers à l'usage commun du ménage qui se trouveront dans les lieux où les époux demeureront ou résideront en commun (quel que soit le propriétaire de l'immeuble ou le titulaire du bail), à chacun des époux par moitié.

« Il en sera de même pour les voitures automobiles de tourisme, quel que soit le titulaire du permis de circulation.

Toutefois, chaque époux sera propriétaire de la vaisselle et de l'argenterie à son chiffre ou à celui de sa famille ;

« Les titres et valeurs nominatifs, parts et droits sociaux, ainsi que les créances au titulaire ; les valeurs au porteur en dépôt et les espèces en dépôt ou en compte courant, à celui des époux titulaire du compte ou du dépôt ; les valeurs, sommes ou objets qui se trouveraient dans un coffre-fort tenu en location, à l'époux locataire dudit coffre ;

« Les immeubles et fonds de commerce, à celui des époux au nom duquel l'acquisition aura été faite, et aux deux si l'acquisition a été faite au nom des deux ;

« Enfin, les valeurs au porteur et deniers comptants trouvés dans les lieux occupés en commun par les époux, à chacun des époux par moitié. Il est entendu que ces diverses présomptions produiront leur effet, sauf preuve légale contraire, et seront opposables aux tiers. »

Mais ces présomptions énoncées par le contrat de mariage sont également valables à l'égard des tiers, ce qui présente un grand intérêt. Cependant, ceux-ci, pour apporter en cas de besoin la preuve contraire, pourront le faire par tous les moyens propres à établir que les biens n'appartiennent pas à l'époux que la présomption désigne, ou même encore, ce qui est très important, que, s'ils lui appartiennent, c'est parce qu'il les a acquis par une libéralité de son conjoint.

Notons, enfin, que les biens sur lesquels aucun des époux ne peut justifier d'une propriété exclusive seront réputés leur appartenir indivisément par moitié.

Le jeu des clauses de présomption de propriété peut très bien favoriser un époux, ne serait-ce que celle qui prévoit que les biens sur lesquels aucun époux ne peut justifier d'une propriété exclusive seront réputés appartenir à chacun par moitié, présomption qui a pris force de loi puisqu'elle est édictée par l'article 214 du Code de la famille lui même, qui s'applique obligatoirement toutes les fois où la preuve devra être administrée. Le plus souvent, c'est à la dissolution du régime que les présomptions seront utiles ; mais il n'est pas exclu qu'il y soit fait appel auparavant en cas, par exemple, de séparation de fait des époux, et surtout de revendication de leurs créanciers qui vont tenter de les faire tomber par tous moyens, quand elles paralysent l'exercice de leurs droits.

Et la Cour suprême a formellement admis que les clauses de présomptions de propriété s'imposent aux tiers, c'était à eux « d'administrer la preuve du droit de propriété exclusif de leur débiteur sur le mobilier litigieux ». Or, la preuve contraire, souvent difficile entre époux, est pour les tiers, dans la plupart des cas, encore plus malaisée.

Cas pratiques

a) un homme marié sous le régime de la séparation des biens meurt. Le contrat de mariage précisait que les objets et valeurs se trouvant dans un coffre loué au nom d'un époux seront réputés appartenir à cet époux. La veuve soutient qu'elle avait libre accès au coffre ; certes mais c'était en vertu d'une procuration à elle donnée par son mari ; qu'elle était allée à ce coffre après le décès oui, mais c'était par suite d'une erreur du personnel de la banque et qu'elle n'en apporte pas la preuve, et le tribunal attribue la totalité du contenu du coffre à la fille du défunt, conformément à la présomption de propriété.

b) ne banque fait saisir le mobiliser garnissant l'appartement de son débiteur. La femme demande l'annulation de la saisie car, selon le contrat de mariage, elle était présumée propriétaire des meubles à l'usage commun du ménage qui se trouvaient dans les lieux où les époux résidaient en commun.

Or la Cour, tout en reconnaissant en principe la validité des présomptions de propriété à l'égard des tiers, sauf preuve contraire, examine les documents fournis par la femme pour prouver sa propriété et les rejette (sauf pour un meuble). Mais c'est au créancier à rapporter la preuve contraire : en prenant une décision sur la base de preuves que la femme n'a pas à apporter, l'arrêt de la Cour a violé la loi et la Cour suprême le casse, car il avait renversé le fardeau de la preuve.

6° Le régime de la séparation de biens vient résoudre et fort heureusement une difficulté pratique, jusque-là sans solution, en appliquant à la séparation de biens des règles valables pour la communauté. Il arrive fréquemment que la famille soit logée dans un appartement propriété indivise des époux ; jusqu'à présent, le survivant ne pouvait pas en demander l'attribution préférentielle : ce sera désormais possible. Et la Cour suprême a décidé que l'attribution préférentielle pouvait être prononcée même si l'indivision est antérieure à la dissolution du mariage.

Cette faculté sera également ouverte en cas de divorce. Ces règles sont d'une grande utilité sociale et permettront en particulier à la femme qui aura la garde des enfants d'obtenir l'appartement qui jusqu'à présent, avait abrité la famille.

SECTION 6. APPRÉCIATION

1° Ce régime est théoriquement simple, à condition d'être bien observé par les parties : les époux conservent et administrent leur patrimoine ; cette simplicité vaut non seulement pour les époux, mais pour les tiers, à qui il sera aisé de déterminer les droits et les pouvoirs de chacun. Même simplicité à la dissolution : pas de masse commune, d'opérations compliquées visant à rétablir la consistance des patrimoines…, et par là même moins de frais.

2° C'est un régime parfaitement adapté aux besoins de l'époque et au rôle que la femme joue dans la société moderne. C'est le seul qui lui permettait avant la loi de 1984 d'exercer pleinement sa capacité en lui accordant son autonomie juridique et financière.

3° C'est un régime très souple, qui permet notamment aux époux de se consentir des donations qui resteront occultes (sous réserve de ce qui est dit plus loin).

4° Enfin, dans certains cas, il sera la sauvegarde suprême du ménage, car la ruine du mari n'affectera pas le patrimoine de sa femme, qui conservera sa fortune. A côté de ces avantages certains, ce régime présente des inconvénients.

5° Le principal tient à l'absence de masse commune : si la femme ne possède pas de revenus et qu'elle se contente d'être une bonne maîtresse de maison, elle ne participera pas à l'accroissement de fortune du ménage.

Prenons un exemple : au moment du mariage, chacun des époux possède 100 000 F. A la dissolution, la fortune totale du couple est de 400 000 F. Dans un régime de communauté d'acquêts, chacun des époux recevrait 200 000 F ; dans un régime de séparation, la femme aura 100 000 F et le mari 300 000 F si toutes les acquisitions ont été faites à son nom.

6° Il y a plus. Chacun des conjoints conserve la gestion de son patrimoine ; mais l'expérience prouve que la femme laisse souvent son mari gérer sa fortune, ce qui présente un risque certain pour elle. Il peut encore, sous le prétexte, par exemple, de réaliser une bonne affaire, engager sa femme à vendre certains de ses biens, s'en faire remettre le produit et à le conserver par-devers lui.

Disons, en résumé, que c'est un régime idéal quand on se trouve en présence de conjoints possédant chacun une fortune personnelle et au fait des réalités juridiques et de la vie des affaires. Par exemple, si les deux époux sont commerçants, s'ils possèdent l'un et l'autre une situation indépendante, si la profession du mari fait courir des risques au ménage. Il ne sera pas, en principe, à conseiller lorsque la femme, n'ayant aucune fortune, n'exercera pas de profession et se contentera de tenir son ménage, car, nous le rappelons, il n'y aura pas de masse commune à partager à la dissolution.

C'est pourquoi le régime de participation aux acquêts, qui corrige cet inconvénient, pourra être envisagé chaque fois que les époux désirent conserver leur autonomie pendant le mariage, mais veulent cependant participer réciproquement à l'accroissement de leur fortune respective.

SECTION 7. LES DONATIONS DÉGUISÉES ENTRE ÉPOUX SÉPARÉS DE BIENS

Les donations déguisées entre époux ont été étudiées en profondeur dans notre ouvrage dans la même collection : *Les libéralités et les successions en droit congolais*. Nous en faisons, ici, une présentation succincte.

1° La situation est courante et banale : un époux (ce sera le plus souvent la femme) achète un bien quelconque, appartement, maison de campagne, en son nom mais avec de l'argent qui lui a été fourni par son conjoint (le mari dans presque tous les cas).

Il y a donc donation : la femme devient propriétaire grâce à un don que lui a fait le mari, et déguisée, puisque l'acte prend les apparences d'une acquisition faite par la femme, en son nom et avec ses deniers.

Or, les donations déguisées sont nulles entre époux, à la différence des donations indirectes (remise de dettes, assurance-vie, etc.) qui, elles, sont valables. La raison en est qu'elles permettent de tourner la règle de la révocabilité des donations entre époux pendant le mariage, et qu'en outre elles peuvent porter atteinte à la réserve des héritiers des époux.

Pratiquement, les époux en procédant de la sorte obéissent à de multiples considérations : ils peuvent évidemment tenter de porter atteinte à la réserve des héritiers des époux (et le plus souvent à celle des enfants d'un premier lit), mais tout aussi bien éviter des droits de succession, attribuer à la femme d'une façon qu'ils supposent inattaquable un bien essentiel qui échappera à l'action des créanciers du mari.

Mais le plus souvent, dans un couple marié sous la séparation de biens, où seul le mari travaille et gagne de l'argent, cette pratique traduit tout simplement la volonté de corriger de façon tangible les défauts de ce régime et d'assurer à la femme en cas de disparition de son mari la sécurité que peut apporter la propriété de biens aussi importants que, par exemple, l'appartement ou la maison de campagne.

2° Il faut savoir que malgré les apparences de stabilité qu'ils présentent, ces actes sont attaquables par l'époux donataire lui-même, généralement à l'occasion d'une instance en divorce, aussi bien que par ses héritiers, après son décès, et même par ses créanciers, à tout moment. Il s'agira de prouver que l'acte attaqué cache une libéralité, que l'achat n'a pas été effectué avec des deniers appartenant à l'acquéreur, mais à son conjoint, et donnés par lui dans une intention libérale, qui est tout à fait normale entre époux. Par exemple, l'acquisition a été réglée par le mari, par chèque ou mandat tiré sur ses propres comptes ; le paiement a été fait au moyen d'un chèque émis par une banque où la femme ne possédait aucun compte et alors que ses ressources à l'époque étaient modiques ; les différentes acquisitions n'avaient pu être payées au moyen des économies que, compte tenu de son âge et de sa profession, elle n'avait pas pu constituer.

Les juges de fond apprécient souverainement en ce domaine, le principe étant que la loi peut trouver application pour toute remise gratuite de deniers par un époux à l'autre en vue de procurer à celui-ci l'entrée dans son patrimoine d'un bien qui ne s'y trouvait pas, sans qu'il y ait lieu de distinguer selon la cause juridique et le mode de réalisation. C'est ainsi qu'à été déclarée constituer une donation déguisée la remise de deniers faite par le mari à sa femme pour servir au paiement d'une soulte (et l'autoriser à en réclamer la restitution selon la valeur actuelle du bien attribué au conjoint).

Donation déguisée également si l'immeuble acquis pour la nue-propriété par le mari, pour l'usufruit par la femme, avait été payé en totalité par le mari. Donation déguisée encore en cas de don manuel de deniers ayant servi à la femme à acquérir deux appartements ; en cas de révocation, le mari a droit à l'allocation d'une somme correspondant à la valeur actuelle des biens achetés. Si le financement n'a été que partiel, l'article 653 du Code de la famille s'appliquera proportionnellement à la contribution de l'époux donateur. A noter également que le texte peut s'appliquer aussi bien aux libéralités antérieures au mariage et faites en prévision de celui-ci qu'à celles qui lui sont postérieures. C'est du moins ce qui ressort implicitement d'une décision de la

Cour suprême dans une espèce curieuse : un homme séparé de corps paye le prix d'un terrain acheté par sa maîtresse qu'il épouse une fois divorcé.

Mais il divorce à son tour et demande, avec beaucoup de délicatesse l'annulation de la donation faite lorsqu'il était son amant à celle qu'il épousera par la suite. La Cour suprême ne se prononce pas directement mais il résulte à contrario de son arrêt, que l'article 653 du Code de la famille peut recevoir application même pour des actes accomplis antérieurement au mariage.

Cas pratique

Deux époux mariés sous le régime de la séparation de biens achètent un appartement en indivision. Mais les fonds ont été fournis par le mari et proviennent de son compte bancaire. Le contrat de mariage avait prévu, entre autres présomptions, que les fonds déposés au compte en banque de chacun des époux étaient présumés leur appartenir. C'est à la femme de fournir la preuve contraire, si elle veut résister à l'action de son mari qui prétend qu'il ya donation déguisée.

Cas pratique

Ce principe d'équité vient d'être méconnu par un tribunal qui a refusé de tenir compte pour leur valeur actuelle des améliorations apportées à l'immeuble, très importantes et payées avec des deniers donnés par le mari, en se livrant à une interprétation restrictive et formaliste de l'article. 653 du Code de la famille qui n'a prévu la revalorisation de la restitution que pour les acquisitions. Cette décision va à l'encontre de l'esprit du Code de la famille. Les chiffres sont en eux-mêmes convaincants :

La maison de compagne – en très mauvais état-avait été acquise au nom de la femme avec des deniers du mari pour 2.200.000F, le mari avait ensuite fourni à sa femme près de 20.000.000F pour lui permettre de régler les travaux d'aménagement et d'embellissement de la maison, qu'elle avait fait en son nom.

La maison était estimée à 40.000.000F. La Cour a décidé que le mari aurait droit à la restitution, d'une somme égale à la valeur actuelle de la maison estimée selon l'état qu'elle avait au jour de son acquisition, compte non tenu des travaux. Pour ceux-ci, et bien qu'ils soient vieux de plus de 10 ans, le mari ne pourra en exiger que le remboursement nominal, sans indexation.

CHAPITRE VII

LA SEPARATION DE BIENS JUDICIAIRE

Nous ferons qu'effleurer cette question, et nous invitons nos lecteurs, pour une analyse plus complète, à consulter dans la même collection notre ouvrage : *Le divorce et la séparation de corps en droit congolais*. Le législateur sait que, dans certains cas, le maintien de la communauté peut mettre en péril les intérêts de l'un ou de l'autre des conjoints. C'est pourquoi il a prévu qu'ils pourront, judiciairement, demander dans des cas précis la séparation de biens. Mais, parallèlement, pour éviter une collusion des époux, agissant en fraude des droits des créanciers de l'un deux, il a très strictement réglementé cette procédure.[54]

SECTION 1. CONDITIONS NÉCESSAIRES

La séparation ne peut être poursuivie qu'en justice ; une séparation amiable serait nulle.

Avant la loi du 17 octobre 1984, la femme seule avait le droit de la demander en justice. Les règles du Code de la famille, qui consacrent l'égalité de l'homme et de la femme accordent ce droit à l'un et à l'autre des époux. Il fallait autrefois, pour que la femme puisse agir, que sa dot soit en péril. Les tribunaux interprétaient largement cette expression assez vague et autorisaient la séparation chaque fois que, du fait de l'insolvabilité du mari, la femme courait le risque de ne pas pouvoir exercer ses reprises ou de ne pas être payée de ses récompenses, quand bien même il s'agissait de droits éventuels. Les règles du Codes de la famille, elles, précisent de la façon suivante les chefs de demandes :

Il faudra que, par suite du désordre des affaires d'un époux, de sa mauvaise gestion ou de son inconduite, le maintien de la communauté mette en péril les intérêts de l'autre conjoint.

Il est normal qu'en raison des pouvoirs accrus accordés à la femme sous le régime de communauté le mari puisse lui aussi demander la séparation de

---

[54] Article 196 du Code de la famille

biens. Cette procédure pourra également être utilisée par des époux mariés sous le régime de la participation aux acquêts, car ils pourront avoir l'un et l'autre intérêt à demander la séparation de biens, afin d'éviter ultérieurement le partage de leurs acquêts avec un conjoint insolvable.

Il est vraisemblable que les tribunaux, comme par le passé, interpréteront très libéralement les termes de la loi, n'exigeront pas la preuve de l'insolvabilité actuelle de l'un des conjoints et accepteront la demande lorsqu'il y aura risque sérieux d'insolvabilité dans un délai assez bref.

Notons, à titre de curiosité, une décision ancienne d'un tribunal accordant la séparation à une femme dont le mari venait d'être ruinée à la suite d'un accident dont il était responsable. Il avait été condamné à verser à la victime une très forte indemnité, et on ne pouvait pas proprement parler de désordre dans les affaires du mari ou de mauvaise gestion.[55]

SECTION 2. PROCÉDURE

L'époux demandeur saisit le tribunal du domicile des époux par voie d'assignation : la demande de séparation est obligatoirement publiée par voie d'affiche et d'insertions dans les journaux. Si l'un des époux est commerçant, il faudra inscrire la demande au registre de commerce et du Crédit Mobilier. Les tiers et les créanciers sont ainsi avertis de la demande ; le défaut de la publicité prescrite est l'inopposabilité de la demande. Le jugement du tribunal ne peut intervenir qu'un mois après l'accomplissement des formalités de publicité. Le jugement doit à son tour être publié au tribunal de grande instance et au tribunal de commerce si l'un des époux est commerçant. Les créanciers, par tierce opposition ont le droit de faire appel du jugement ou de l'attaquer s'il a été fait en fraude de leurs droits ; il sera en outre mentionné en marge de l'acte de mariage et éventuellement sur la minute du contrat de mariage.

La séparation de biens, quoiqu'elle ait été prononcée en justice sera nulle si les poursuites tendant à liquider les droits des parties n'ont pas été commencées dans les trois mois du jugement passé en force de chose jugée et si le règlement définitif n'est pas intervenu dans l'année de l'ouverture des opérations de liquidation. Notons toutefois que ce délai d'un an pourra être prorogé par le président du tribunal de grande instance statuant dans la forme de référé. Il est souhaitable, en effet, de ne pas laisser en suspens trop longtemps le droit des parties, et tout retard abusif pourrait laisser supposer une collusion frauduleuse entre les époux, mais de tenir compte également du délai souvent assez long qui s'écoule entre le jugement proprement dit et sa signification, et d'autre part du délai d'appel. C'est pourquoi il a été décidé que le délai de trois mois commencerait à courir le jour où le jugement serait

[55] H. D. Amboulou, op. cit.

définitif. Les créanciers d'un époux ne peuvent demander de leur chef la séparation de biens, mais, une fois l'action introduite, ils pourront intervenir à l'instance pour la conservation de leurs droits ; ils pourront également se pouvoir contre un jugement prononcé en fraude de leurs droits par voie de tierce opposition.

SECTION 3. CONSÉQUENCES

La communauté est rétroactivement dissoute au jour de la demande, aussi bien entre les époux que vis-à-vis des tiers qui ont été avertis par la publicité prescrite par la loi. La jurisprudence interprète très strictement cette règle de la rétroactivité des effets du jugement de séparation. On applique, pour la liquidation du régime, les règles étudiées pour le régime légal, et le tribunal, en général, désigne un notaire liquidateur.

L'époux demandeur va reprendre ses biens : il les administrera seul et en disposera librement, tout comme l'époux séparé de biens par contrat de mariage. Les époux sont placés à l'avenir sous le régime de la séparation de biens. Notons que, le mariage n'étant pas dissous, l'époux qui a obtenu la séparation de biens devra contribuer aux charges du ménage, en proportion de ses ressources et de celles de son conjoint : le tribunal, si c'est la femme qui est demandeur, aura la faculté d'ordonner que le mari verse sa contribution entre ses mains, celle-ci assurant désormais à l'égard des tiers le règlement de la totalité des charges du mariage.

SECTION 4. SÉPARATION DE BIENS ACCESSOIRES À UNE SÉPARATION DE CORPS

La communauté est automatiquement dissoute par un jugement de séparation de corps, et, dès 1984, le législateur a déclaré l'époux demandeur séparé de corps pleinement responsable. Un nouveau régime matrimonial va donc exister entre les époux : celui de la séparation de biens.

Comme le mariage n'est pas dissous, certains liens subsistent encore entre les époux : le devoir de secours les oblige à verser à leur conjoint une pension alimentaire ; l'hypothèque légale de la femme mariée subsiste sur les immeubles du mari lorsqu'elle a été régulièrement inscrite dans les cas où la loi le permet. Les époux sont aussi tenus à l'obligation de fidélité.

La communauté sera demandée aussi bien par le mari que par la femme. Les époux peuvent reprendre la vie commune et se réconcilier, tout en conservant le régime de la séparation de biens, sauf à convenir d'un nouveau régime matrimonial en observant les règles de l'article 211 du Code de la famille ; mais la réconciliation n'est opposable au tiers que si elle est constatée par acte notarié et mentionnée en marge de l'acte de mariage et du jugement qui a prononcé la séparation.

Conseil au notaire

1. Les époux peuvent arriver à la séparation de biens de deux manières différentes :

— soit en la demandant judiciairement ;

— soit en obtenant la séparation de corps, qui emporte accessoirement séparation de biens.

C'est ce qui expliquait la fréquence des demandes de séparation de corps (qui était accordée si l'on pouvait alléguer un des motifs admis pour une demande en divorce, et qui pouvait être demandée par les deux époux) alors qu'avant le Code de la famille, seule la femme pouvait demander la séparation de biens judiciaire.

2. On doit noter que hormis les cas de fraude et de collusion entre les époux la séparation de biens est une protection bien souvent inefficace, car la femme se résigne à l'action lorsqu'il est trop tard. Elle hésite toujours trop longtemps avant de demander, en justice, cette mesure que son mari considérera comme vexatoire. Peut-être les maris à qui cette possibilité est offerte en useront-ils avec plus d'énergie et d'à-propos ? L'avenir nous le dira.

CHAPITRE VIII

LE RÉGIME DE PARTICIPATION AUX ACQUETS

Nous venons de voir que le gros inconvénient et peut-être le seul du régime de séparation de biens tient à l'absence de masse commune partagée à la dissolution du régime. Si la femme ne possède pas de revenus et se contente d'être une bonne maîtresse de maison, elle ne participera pas à l'accroissement de fortune du ménage, dans la mesure où les acquisitions ont été faites au nom de son mari. C'est pour porter remède à cet inconvénient que l'on a imaginé le système de participation aux acquêts.

SECTION 1. HISTORIQUE

C'est surtout la doctrine et, dans une mesure moindre, la pratique notariale qui a élaboré en France le régime de participation aux acquêts, qui prévoit qu'à la dissolution de l'union (qui aura fonctionné sous le signe de la séparation de biens) chacun des époux a droit à la moitié de l'accroissement de fortune constaté dans le patrimoine de son conjoint depuis le jour du mariage.

Mais jusqu'à présent cette participation aux acquêts avait été imaginée en nature, ce qui créait de grosses difficultés, car elle obligeait les époux à tenir tout au long de leur union des comptes serrés et permanents sur quatre masses de biens. En outre, on se demandait, en cas de difficultés, s'il fallait appliquer les règles de la communauté ou les règles de la séparation de biens. Enfin, les tiers pouvaient douter de la nature propre ou commune des biens qui les intéressaient, ce qui les amenait à exiger la double signature du mari ou de la femme. C'est pour cette raison que ce régime n'était pas, ou en tout cas était très peu employé en France. La loi du 17 octobre 1984, en proposant un modèle précis et étudié dans le détail du régime de participation aux acquêts, aurait dû permettre de résoudre toutes ces difficultés.

SECTION 2. ECONOMIE GÉNÉRALE DU RÉGIME

1° Le principe de participation en valeur

L'innovation principale vient de ce que la participation n'est plus mesurée en nature, comme s'il y avait pendant le mariage une espèce de communauté virtuelle, mais uniquement en valeur. La participation aux acquêts nets se détermine ainsi de façon purement comptable à la dissolution du régime.

2° Pendant le mariage : séparation de biens

Pendant la durée du mariage, les époux agissent exactement comme s'ils étaient mariés sous le régime de la séparation de biens, c'est-à-dire qu'ils conservent aussi bien la jouissance que l'administration de leurs biens de toute nature et de toute origine : que ces biens aient été possédés dès avant le mariage, qu'ils les aient acquis pendant le mariage à titre onéreux ou qu'ils leur soient advenus par succession ou libéralité. Ils n'ont pas besoin du concours de leur conjoint, et ce régime confère aux époux pendant la durée du mariage la même indépendance que celui de la séparation de biens.[56]

3° A la dissolution participation aux acquêts

C'est seulement à la dissolution du régime (sous réserve de ce que nous dirons plus loin de la liquidation anticipée de la créance de participation) que chacun des époux a le droit de participer pour moitié et en valeur aux acquêts nets constatés dans le patrimoine de son conjoint. Ce droit de participer aux acquêts est incessible tant que le régime matrimonial n'est pas dissous, mais si c'est la mort d'un des époux qui vient y mettre fin, ses héritiers ont évidemment sur les acquêts nets faits par le survivant les mêmes droits que leur auteur.

Pour déterminer le montant des acquêts faits par chacun des époux, et pour savoir s'il y a ou non eu acquêts, on va comparer leur patrimoine originaire avec leur patrimoine final, et faire la différence.

SECTION 3. LE PATRIMOINE ORIGINAIRE

1° Etablissement de sa consistance et modes de preuve

Le patrimoine originaire comprend les biens qui appartenaient à chacun des époux au jour du mariage et ceux qu'ils ont acquis depuis par succession ou libéralité. Notons que, par mesure de simplification, on ne tient pas compte du fruit de ces biens. Pour prouver la consistance de ce patrimoine originaire, il faudra que chacun des époux fasse évidemment un inventaire de sa fortune au jour du mariage, mais cet inventaire n'a pas besoin d'être notarié : un simple

---

[56] H. D. Amboulou, op. cit.

état descriptif sous seing privé dressé contradictoirement et signé des deux époux suffira. Cependant, en raison de l'importance capitale de ce document, il serait souhaitable de l'inclure dans le contrat de mariage, de façon que le notaire en assure la conservation (ou encore de le déposer aux minutes du même notaire).

Si l'inventaire n'a pas été fait, on considérera que le patrimoine était à zéro. Il se peut qu'on ait oublié certains biens dans cet inventaire, et le législateur s'est préoccupé de ce problème en prévoyant expressément les moyens admis pour rapporter la preuve de cette omission. Il a été estimé, et avec raison, que la preuve par tous les moyens devait être écartée, car en effet :

— d'une part, la question va se poser en général à la dissolution du régime et concernera donc une situation en principe ancienne ;

— d'autre part, elle portera sur la consistance du patrimoine de l'époux même qui réclame dans le but de prouver que les acquêts nets constatés dans son patrimoine final doivent être diminués : or, c'était à lui de veiller à ce qu'au moment du mariage on fasse un inventaire sincère et complet de tous les biens qu'il possédait alors.

On exigera donc au moins un écrit, tel que registre domestique, papiers de famille, factures, en écartant en principe aussi bien la preuve par témoin que les présomptions.

2° Evaluation du patrimoine originaire

On doit procéder ensuite à l'évaluation du patrimoine originaire, et pour ce faire on applique les règles suivantes :

— les biens qui le composent sont estimés d'après leur état, soit au jour du mariage s'ils existaient alors, soit au jour de l'acquisition si l'époux en est devenu propriétaire pendant le mariage par succession ou libéralité, mais d'après leur valeur au moment de la dissolution du régime matrimonial.

L'autre époux ne bénéficiera donc pas de la plus-value prise naturellement par les biens personnels de son conjoint, en raison notamment de la dévaluation, puisque leur valeur est estimée au jour de la dissolution. Seuls les acquêts sont considérés ; les biens possédés avant le mariage et acquis ensuite à titre gratuit n'entrent pas en ligne de compte.

— si les biens ont été aliénés et n'ont pas été remplacés, on prend en considération leur valeur au jour de l'aliénation ;

— si de nouveaux biens ont été subrogés aux biens aliénés et existent encore, c'est la valeur de ces nouveaux biens qui entre en ligne de compte.

Une fois que l'on a ainsi reconstitué l'actif originaire, on en déduit les dettes dont il se trouve grevé, et si les dettes excèdent l'actif, le patrimoine originaire est évidemment considéré comme nul.[57]

---

[57] H. D. Amboulou, op. cit.

SECTION 4. LE PATRIMOINE FINAL

1° Etablissement de sa consistance

La règle est très simple : tous les biens qui appartiennent à chacun des époux au jour de la dissolution du régime matrimonial font partie du patrimoine final. On y ajoute ceux dont il a disposé par donation sans le consentement de son conjoint et les créances qu'il peut avoir contre celui-ci. En cas de dissolution du régime matrimonial par divorce, séparation de corps, comme en cas de liquidation anticipée de la créance de participation, c'est au jour de la demande que l'on établit la consistance du patrimoine final.

2° Mode de preuve

Nous avons dit que cette question a été abordée dans notre ouvrage de la même collection : *Pratique et déontologie notariales en droit positif*. Pour prouver la consistance du patrimoine final, il n'est pas besoin d'un inventaire notarié, et un simple état descriptif signé et approuvé par les deux époux ou, éventuellement, l'époux survivant et les héritiers de son conjoint décédé suffira. Mais il faut que cet état soit dressé dans le neuf mois de la dissolution du régime matrimonial. Toutefois, si ce délai est insuffisant, on peut en solliciter du président du tribunal la prorogation par référé. Notons cependant que chacun des époux, s'il le désire, peut requérir l'apposition des scellés et l'inventaire officiel des biens de son conjoint. Nous avons vu, lorsque nous avons parlé du patrimoine originaire, que la preuve par écrit était exigée.

Lorsqu'il s'agit du patrimoine final, la situation est différente, car les réclamations seront faites en général par l'un des époux (ou ses héritiers), qui cherchera à prouver que le patrimoine final de son conjoint comprenait d'autres biens que ceux figurant à l'état descriptif. La contestation concernera donc une situation récente. On peut donc dans ce cas-là, admettre sans difficulté la preuve par tous moyens, y compris les témoignages et les présomptions. Pour reconstituer l'intégralité du patrimoine final, on y ajoute les biens dont l'époux a pu disposer par donation entre vifs sauf si son conjoint a donné son consentement à cette donation et ceux qu'il aurait aliénés frauduleusement. Et il y a, d'après la loi, présomption de fraude lorsque l'un des époux a aliéné un bien contre une rente viagère ou à fonds perdus. Mais cette présomption tombe si son conjoint a donné son consentement à l'acte. On ne déduit, enfin, toutes les dettes non acquittées, sans oublier les sommes qui pourraient être dues au conjoint.

3° Estimation

Pour procéder à cette estimation, on applique les règles suivantes :

— tous les biens existants sont estimés d'après leur état et leur valeur au jour de la dissolution du régime ;

— les biens aliénés, soit par donation entre vifs, soit frauduleux estimés d'après leur état au jour de l'aliénation, mais d'après la valeur qu'ils auraient eue s'ils avaient été conservés dans le patrimoine de l'époux et existaient encore au jour de la dissolution.

SECTION 5. LA CRÉANCE DE PARTICIPATION ET SON RÈGLEMENT

1° Détermination de son montant

Une fois reconstitués le patrimoine originaire et le patrimoine final de chacun des époux, il est facile de voir s'il y a eu acquêts, s'il y a eu accroissement de valeur. Quand il y a déficit, aucun problème ; celui-ci est supporté entièrement par l'époux. Mais quand il y a accroissement de valeur, l'augmentation du patrimoine de chacun des époux doit être partagée : l'époux dont les acquêts se sont le moins augmentés devient créancier de son conjoint pour la moitié de l'excèdent.

Exemple

— les acquêts nets de la femme se montent à .... F CFA 250 000
— les acquêts nets du mari se montent à .... F 500 000
on commence par les compenser, c'est-à-dire que l'on retranche 250 000.
Il reste .... F 250 000

La femme, dans ce cas précis, aura sur son mari une créance de participation de .... F 125 000

Naturellement, pour calculer la créance de participation, on tient compte des sommes dont les époux pouvaient être respectivement créancier et débiteur l'un envers l'autre.

2° Son règlement

Le grand principe, puisque nous sommes dans un régime séparatiste, est que la créance de participation droit être payée en argent, et payée dès la clôture de la liquidation. Il peut arriver évidemment que l'époux débiteur ait de grosses difficultés à en régler intégralement le montant à son conjoint ; c'est pourquoi il pourra s'adresser à la justice pour demander des délais, qui ne pourront pas excéder cinq ans, et à condition qu'il puisse fournir des sûretés sérieuses (les sommes dues portant intérêts). Il est tout à fait logique que le paiement de la créance de participation se fasse en argent, et non pas en nature, car il n'existe pas de communauté d'acquêts, donc pas de masse commune, et en conséquence ni attribution en nature, ni prélèvement. Il s'agit uniquement d'établir un compte et de le solder en espèces. Cependant, par réalisme et pour faciliter la liquidation du régime, on va permettre le règlement en nature dans deux cas bien précis :

a) si les deux époux sont d'accord : il n'y a là aucune difficulté ;

b) si l'époux débiteur justifie de très graves difficultés pour s'acquitter de sa dette en espèces. Il faudra dans ce cas qu'il s'adresse à justice et demande au juge l'autorisation de régler son conjoint en nature. Notons que ce droit est prévu uniquement en faveur de l'époux débiteur, qui bénéficie d'une dérogation avec contrôle du juge ;

c) l'époux créancier, lui à moins évidemment que le contrat de mariage n'ait expressément prévu cette possibilité, ce qui est toujours possible, ne pourra pas demander au tribunal un paiement en nature et l'attribution de certains biens, même si ceux-ci sont de première importance pour lui.

Cette possibilité avait été offerte à l'époux créancier par le projet de loi ; elle a finalement été écartée, car on a craint qu'elle ne puisse aboutir à faire attribuer à l'un des époux un bien voulu pour faciliter la liquidation du régime séparatiste, mais on n'a pas voulu aller au-delà de ce que permettent les règles de la communauté légale, qui n'autorisent jamais l'attribution en nature d'un bien propre de son conjoint sans l'autorisation de celui-ci.

Les époux qui adopteraient ce régime auront donc tout intérêt, s'ils le jugent utile, à prévoir cette faculté, et pour certains biens exactement déterminés en faveur de l'époux créancier qui, très souvent, pourra avoir un intérêt essentiel à se faire attribuer ceux dont il avait la jouissance pendant le mariage, comme, par exemple, un fonds de commerce, le logement familial. A défaut de cette clause, il lui faudrait l'accord de son conjoint.

Lorsque le règlement en nature a lieu, il sera considéré comme une opération de partage dans les deux cas suivants :

— lorsque les biens attribués ne faisaient pas partie du patrimoine originaire de l'autre époux (car ils peuvent être considérés alors comme des acquêts faits pendant le mariage) ;

— lorsque la dissolution du régime résulte du décès d'un des conjoints, car alors l'attribution de biens au survivant peut être considérée comme un partage, puisque celui-ci aura des droits dans la succession de l'autre.

Notons, pour en terminer, que les créanciers ne peuvent pas se voir opposer le règlement en nature et qu'ils conservent toujours le droit de saisir les biens attribués au conjoint de leur débiteur.

L'époux créancier poursuit le recouvrement de ses créanciers d'abord sur les biens existants et, si ceux-ci sont insuffisants, sur ceux aliénés par donation entre vifs ou en fraude de ses droits. Mais les aliénations ne pourront être révoquées que si les tiers acquéreurs étaient de mauvaise foi et à la condition que l'action soit faite dans les deux ans à compter de la clôture des opérations de liquidation.

3° L'hypothèque légale

Les règles du Code de la famille maintiennent dans ce régime l'hypothèque légale, qui pourra être inscrite en garantie de la créance de participation et aussi bien en faveur de la femme que du mari. Cela mérite d'être souligné, car c'est le seul cas où l'hypothèque légale subsiste du seul fait de l'adoption d'un régime particulier et sans même avoir été expressément prévue par le contrat de mariage ; et, chose plus remarquable encore, en faveur également du mari, qui pourra faire inscrire son hypothèque légale sur les biens de sa femme.

SECTION 6. L'INTERVENTION DE LA JUSTICE

1° Liquidation judiciaire

En dehors des cas prévus ci-dessus (délai pour le règlement en espèces et autorisation de paiement en nature), si les parties ne sont pas d'accord pour procéder amiablement à la liquidation du régime, elles peuvent toujours s'adresser au tribunal. Dans ce cas-là, elles devront se communiquer et communiquer aux experts désignés tous les renseignements et documents utiles à la liquidation. Cette action en liquidation se prescrit au bout de trois ans à compter de la dissolution du régime matrimonial.

2° Liquidation anticipée de la créance de participation

a) c'est normalement à la dissolution du régime que se calcule et se liquide la créance de participation d'un époux sur l'autre, mais elle existe en quelque sorte virtuellement pendant toute la durée du mariage, ce qui fait que, dans certains cas, on pourra en demander la liquidation anticipée. Ce sera essentiellement lorsque la mauvaise administration, le désordre des affaires d'un des époux, ou éventuellement son inconduite, ne fassent craindre que la continuation du régime compromette les intérêts de son conjoint. Pour obtenir la liquidation anticipée de sa créance, l'époux devra suivre les règles applicables en matière de séparation de biens judiciaire, ce qui aura pour effet, une fois celle-ci admise, de placer les conjoints sous le régime de la séparation de biens pure et simple.

b) enfin, un dernier cas de l'intervention du tribunal est prévu : c'est celui où les règles d'évaluation des patrimoines originaire et final conduiraient à un résultat manifestement contraire à l'équité. Dans ce cas-là, l'époux lésé pourrait s'adresser au tribunal pour lui demander qu'il soit possible d'y déroger et de procéder autrement.

Conseil au notaire. *Ce régime permet de concilier l'indépendance complète de chacun des époux pendant la durée du mariage avec la possibilité pour chacun d'eux de participer à l'enrichissement de l'autre. Le législateur de 1984 a voulu très soigneusement en prévoir l'économie, afin de proposer à la pratique notariale un modèle le plus complet possible. Il en a* *considérablement facilité le fonctionnement en substituant à la notion de participation en nature même s'il la réintroduit à la dissolution, pour des raisons uniquement pratiques celle de la participation en valeur uniquement comptable. Il est incontestablement très séduisant et corrige les inconvénients de la séparation de biens tout en conservant ses avantages.*

Les notaires pourront toujours le modifier en prévoyant notamment un partage inégal, le droit pour le survivant à la totalité des acquêts de son conjoint, le règlement en nature pour certains biens essentiels à l'un des époux, et toute autre clause pouvant permettre son adaptation à la situation particulière des conjoints. Ils devraient pouvoir le proposer aux futurs époux qui reculent devant la séparation de biens pure et simple. Mais jusqu'à présent ce régime ne semble pas avoir rencontré leur faveur, non plus que celle du public.

3° Le régime de participation aux acquêts, très satisfaisant pour l'esprit n'a pas connu grande fortune, et cela pour diverses raisons

a) les notaires y sont défavorables pour des raisons juridiques : ils craignent principalement que la détermination de la créance de participation pose de très difficiles problèmes de preuves, qui seront d'autant plus aigus que le ménage aura duré plus longtemps, et qui risquent de pousser à la procédure et aux expertises. Et également pour des raisons pratiques : ce sont des gens prudents, ils hésitent à recommander aux époux un régime qui n'a pas fait ses preuves et sur lequel il n'existe pratiquement aucune jurisprudence.

b) pour les futurs époux, qui n'ont pas de connaissances juridiques spéciales, la séparation ou la communauté sont des notions simples et évocatrices d'une certaine réalité. Le caractère hybride du régime de participation aux acquêts, sa complexité apparente, sont autant d'obstacles à sa diffusion, que renforce encore l'hostilité des notaires, qui ne sont pas toujours enclins à donner des cours de droit et des explications approfondies à leurs clients.

TROISIÈME PARTIE

DONATIONS PAR CONTRAT DE MARIAGE ET PENDANT LE MARIAGE

Nous ne ferons qu'effleurer cette question, qui est traitée dans un ouvrage de la même collection : *Les libéralités et les successions en droit congolais*.

CHAPITRE I

DONATIONS PAR CONTRAT DE MARIAGE

1° Disons un mot ici des constitutions de dot faites par des parents des époux, bien qu'elles ne soient pas, à proprement parler, des libéralités : car les donateurs, vis-à-vis du conjoint de l'époux gratifié, s'engagent à réaliser l'apport promis. Au Congo, la dot est versée par le futur mari aux parents de la future femme. Elle n'est pas remboursable disent les articles 140 et 141 du Code de la famille. La dot peut être constituée soit par le père seul, soit par la mère seule ; mais, le plus souvent, c'est ensemble que les parents doteront leur enfant. Si le père et la mère ont doté, c'est conjointement l'enfant commun sans exprimer la portion pour laquelle ils entendaient y contribuer, ils sont censés avoir doté chacun pour moitié. Si la dot a été constituée en biens communs, elle reste à la charge de la communauté et elle sera supportée pour moitié par la femme, sauf si le mari a expressément déclaré s'en charger pour le tout ou pour une proportion supérieure.

Mais, en même temps qu'ils veulent aider à l'établissement de leur enfant, les parents ont aussi le souci de ne pas charger de la dot le survivant d'entre eux : on veut qu'elle soit payée sur la succession du prédécédé.

C'est pourquoi on stipule fréquemment et c'est une excellente formule que la dot est constituée en avancement d'hoirie (c'est en quelque sorte une avance sur l'héritage des parents), et qu'elle s'imputera sur la succession du prémourant des constituants. Le prémourant sera ainsi donateur à concurrence des droits de l'enfant dans sa succession, le survivant ne l'étant que pour le surplus si elle est insuffisante.

Cette formule, qui sauvegarde les intérêts du survivant tout en permettant d'avantager l'enfant au moment de son mariage, est à recommander.

2° D'une manière générale, le législateur a voulu favoriser les donations faites par contrat de mariage, qui vont aider les futurs époux à s'établir ; elles sont soumises à des règles spéciales :

— elles ne sont pas révocables pour survenance d'enfants, ni pour cause d'ingratitude ; elles sont caduques si le mariage n'a pas lieu ;

— elles ne nécessitent pas l'acceptation expresse de la donation ; elles peuvent porter non seulement sur des biens présents, mais sur des biens à venir.

3° Cette donation de biens à venir, que l'on appelle *institution contractuelle*, n'a aucun effet immédiat, car c'est au décès seulement du donateur que l'époux gratifié recevra tout ou partie des biens qui lui ont été laissés.

Sont ainsi sauvegardés les intérêts respectifs des parties, puisque le donateur continue à jouir de son patrimoine (il peut en disposer à titre onéreux), alors que le donataire est certain de recevoir ce qui lui a été promis, car le donateur n'aura pas le droit de disposer de sa fortune à titre gratuit en faveur d'autres personnes (sauf pour des sommes minimes ou encore s'il est expressément réservé cette faculté dans le contrat) ; l'institution contractuelle est irrévocable et présumée faite également au profit des enfants du donataire qui survivraient à leur auteur décédé avant le donateur.

Signalons enfin qu'au décès du donateur l'institué aura une option : il pourra refuser ou accepter purement et simplement, ou encore sous bénéfice d'inventaire, les biens donnés.

4° Donations entre époux par contrat de mariage. Elles sont le plus souvent mutuelles et portent sur des biens à venir ; sous les contrats de séparation de biens, elles corrigent ce régime, qui ne comporte pas de masse commune en permettant aux époux de se donner mutuellement tout ce que la loi autorise. Elles ne sont pas, comme l'institution contractuelle, réversibles au profit des enfants lorsque le donataire prédécède au donateur ; les enfants, en effet, recueilleront les biens donnés dans la succession du survivant.

Ces donations sont irrévocables, c'est pourquoi nous ne les conseillons pas : mieux vaut les faire par la suite durant le mariage. Mais si les futurs époux désiraient absolument, en gage de confiance mutuelle, insérer dans leur contrat une telle donation, il faudrait expressément prévoir qu'elle est subordonnée à l'absence de tout jugement de séparation de corps ou de divorce au décès du prémourant. Notons bien que, en cas d'existence d'héritiers réservataires, de telles donations sont automatiquement réduites à la plus forte quotité disponible, tant en pleine propriété qu'en nue-propriété ou usufruit.

5° Le grand intérêt de ces donations par contrat de mariage, quelles qu'elles soient, c'est que leur régime fiscal est avantageux : les droits habituels des donations sont réduits de 25% ; naturellement, aucun droit n'est perçu si la donation porte sur des biens à venir.

6° La question se pose de savoir si, en raison des assouplissements apportés au principe de l'immutabilité des conventions matrimoniales, les époux peuvent, dans le cadre de la procédure régulièrement prévue par l'article 211, du Code de la famille renoncé aux donations réciproques qu'ils se sont consenties par contrat de mariage.

En effet, les donations par contrat de mariage, traditionnellement, ont été considérées comme participant de la règle de l'immutabilité des conventions matrimoniales. Les nouveaux textes n'ayant pas prévu leur sort en instituant le régime de la mutabilité contrôlée, on pouvait se demander si l'article 211 du

Code de la famille leur était applicable. Et il s'établi une controverse doctrinale entre les partisans du maintien du régime ancien et ceux qui préconisaient d'aligner les donations par contrat de mariage lui-même, donc de permettre de les modifier. Certains auteurs affirmaient que les conventions annexes au contrat de mariage (donc les donations) pouvaient librement être modifiées avec l'accord de toutes les parties. La Cour suprême de se prononcer sur ce problème dans l'espèce suivante :

Deux époux ayant adopté comme régime matrimonial la communauté universelle avec donation réciproque de la totalité de leurs biens avaient, conformément à l'article 211 du Code de la famille, substitué la séparation de biens au régime choisi par eux à l'origine. Mais il n'avait pas été fait mention, dans le nouveau contrat homologué par le tribunal, des donations mutuelles. La fille (d'un premier lit) du mari soutenait, après le décès de son père, que le changement de régime matrimonial avait automatiquement entraîné la caducité des donations originaires.

La Cour suprême décide qu'en l'absence « d'accord des époux mettant à néant les libéralités figurant dans le précédent contrat, l'adoption d'un nouveau régime n'entraînant pas *ipso facto* la caducité des donations que s'étaient consenties les époux, celles-ci se trouvaient maintenues ». Cela signifie, semble-t-il, que, *a contrario*, les époux ont la faculté, à l'occasion de l'adoption d'un nouveau régime matrimonial (ou de la modification de l'ancien), de maintenir, de supprimer ou de modifier les donations qu'ils s'étaient consenties par contrat de mariage, voire même d'en prévoir de nouvelles, dans le cadre de la procédure prévue par l'article 211 du Code de la famille. Mais la Cour suprême n'a pas dit qu'en raison de la suppression de l'immutabilité des régimes matrimoniaux, les donations par contrat de mariage pouvaient désormais, comme un courant doctrinal le prétend, être modifiées ou supprimées avec accord de toutes les parties. Il convient donc pour l'instant de considérer que ces donations restent immuables en dehors d'une procédure de changement de régime matrimonial.

CHAPITRE II

DONATIONS ENTRE ÉPOUX PENDANT LE MARIAGE

Ces donations sont très fréquentes, et il faut les recommander tout particulièrement pour les régimes de séparation de biens. Elles peuvent porter sur des biens à venir ; elles sont généralement mutuelles. Leur grand intérêt est d'être révocables *ad nutum* au gré du donateur. Pour laisser à chacun des époux toute liberté, toute donation mutuelle par un seul et même acte était interdite jusqu'à la loi du 17 octobre 1984. La raison de cette interdiction était la suivante :

Le législateur avait voulu que chacun des époux puisse exercer librement et sans contrainte le droit de révocation que la loi lui accorde, car toutes les donations faites entre époux pendant le mariage sont toujours révocables. Il pensait que le fait d'exiger de chaque époux des actes distincts lui permettrait par la suite, et s'il le jugeait utile, d'user de son droit sans entrave ni limite. Cette interdiction désormais n'existe plus. D'autre part, toute donation déguisée ou faite par personne interposée est nulle. On pourrait par là tourner la règle de la révocabilité des donations déguisées entre époux séparés de biens. Signalons, enfin, que ces donations seront réduites à la plus forte quotité disponible en présence d'héritiers réservataires, et que la révocation pourra être tacite (par exemple, le bien donné a été vendu ou donné à une autre personne).

Conseil au notaire. *Les donations entre époux sont à recommander, mais il faut les faire pendant le mariage, pour se réserver la faculté de les révoquer par la suite.*

QUATRIÈME PARTIE

LES COMMERÇANTS ET LE MARIAGE

L'un ou l'autre des époux peut être commerçant au moment de son mariage ou le devenir par la suite (la femme n'aura pas besoin de l'autorisation de son mari pour être commerçante). Du fait du grand nombre d'engagements qu'ils sont amenés à prendre, le mariage des commerçants intéresse particulièrement les tiers : pour les protéger, le législateur de 1984 impose une publicité spéciale et des règles très strictes en cas de faillite. Le fonds de commerce constitue très souvent l'essentiel du patrimoine des commerçants, et il est normal qu'ils se soucient, par le contrat de mariage, de sa transmission au survivant.

CHAPITRE I

RÈGLES SPÉCIALES DE PUBLICITÉ

1- Si l'un des futurs époux est commerçant, le notaire doit souscrire au greffe du tribunal de commerce une déclaration d'inscription modificative dans le mois qui suit la signature du contrat ; il y sera mentionné le régime matrimonial adopté par les époux et, éventuellement, les clauses de remploi obligatoire qu'il peut contenir.

2- Même obligation pour l'époux qui devient commerçant après son mariage

3- Tout ce qui peut influer sur la situation patrimoniale du commerçant doit être inscrit au registre du commerce et du crédit mobilier ; par exemple : la demande et le jugement de séparation de biens, le jugement de divorce ou de séparation de corps, de décès du conjoint, les ordonnances rendues en application de la loi du 17 octobre 1984 portant Code de la famille.

4- Les commerçants, dans l'exercice de leur activité, ne pourront opposer ni aux tiers ni aux administrations publiques les faits et actes qui auraient dû et qui n'auront pas été publiés au registre ; sauf s'ils pouvaient établir qu'au moment où ils ont traité, les tiers et les administrations en avaient eu connaissance.

CHAPITRE II

CAPACITÉ DE LA FEMME MARIÉE COMMERÇANTE

1° Avant la loi de 1984

Pour exercer la profession de commerçante, la femme mariée n'avait pas besoin de l'autorisation de son mari. Mais ce dernier pouvait s'opposer à ce qu'elle exerce ce métier s'il jugeait que l'intérêt de la famille était en jeu. S'il le faisait et qu'il publiait son opposition au registre du commerce, la femme n'engageait plus que son patrimoine propre : notons que la question était controversée, certains auteurs prétendant que la seule mention de l'opposition au registre du commerce et des sociétés était insuffisante et qu'il fallait encore prouver que le tiers en avait eu connaissance personnellement.

2° Depuis la loi de 1984

La femme a le droit d'être commerçante sans le consentement de son mari, qui ne peut s'opposer à l'exercice d'une profession séparée, qu'elle soit commerciale ou civile.

3° Portée des engagements de la femme

Nous rappelons que cette question a été traitée dans notre ouvrage : *Pratique et déontologie notariale en droit positif.* Sous un régime de séparation de biens, la femme n'engage que son patrimoine personnel. Dans un très important arrêt la Cour suprême a admis que « l'épouse, même séparée de biens, pouvait être reconnue associée de fait se son mari, responsable des dettes à l'égard des tiers, donc commerçante même si elle ne fait pas d'actes de commerce, et à ce double titre susceptible d'être mise en liquidation de biens ».

Bref, tous les éléments étaient réunis pour conclure à l'existence d'une société de fait. Et la conséquence, c'est que la femme, bien que mariée sous le régime de la séparation, a été déclarée tenue solidairement des dettes de la société de fait sur ces biens personnels. La protection apportée par le régime matrimonial peut donc, dans certains cas, faire défaut.

Sous le régime de communauté légale, elle va évidemment obliger seule ses biens personnels, ainsi que ses biens réservés. Mais, dans trois cas bien précis, elle va également engager la communauté, d'une part, et le patrimoine personnel de son mari, d'autre part :

a) si celui-ci a donné son accord à un acte passé par la femme dans le cadre de l'exercice de sa profession, c'est l'application à la femme commerçante de la règle générale que nous avons vue relative à la composition des patrimoines ;

b) si le mari s'est ingéré dans l'exercice de la profession de sa femme : cela est tout à fait logique et protégera les créanciers contre toute fraude éventuelle, et notamment dans le cas où le mari prendrait un commerce au nom de sa femme, mais le gérerait en fait lui-même ;

c) si, par une déclaration mentionnée au registre du commerce, il a donné son accord exprès à l'exercice du commerce de sa femme, le mari devant faire une déclaration spéciale au registre du commerce et du crédit mobilier, il n'y a donc pas à craindre que cet accord soit donné à la légère. Au contraire, en ce faisant, le mari montrera qu'il entend sciemment cautionner l'activité de sa femme.

Conseil au notaire. *Cette déclaration du mari renforcera incontestablement le crédit de la femme et lui facilitera par là même l'exercice de son commerce. Mais ses conséquences peuvent être très graves, puisque le mari sera, dans l'avenir, tenu de toutes les dettes que la femme peut faire à l'occasion de son activité commerciale, et même sur ces biens personnel. Il suffirait qu'elle soit imprudente ou même simplement malchanceuse pour ruiner partiellement ou totalement, non seulement la communauté, mais son mari. C'est pourquoi, avant de consentir à faire cette déclaration, le mari devra bien réfléchir, en peser les risques et, si possible, s'abstenir.*

L'intérêt des tiers sera diamétralement opposé, car ils auront évidemment intérêt à exiger de la femme la caution de son mari si les garanties qu'elle offre personnellement leur paraissent insuffisantes. Notons enfin qu'une simple séparation de fait n'empêcherait pas le mari commun d'être responsable des dettes de sa femme commerçante dans le troisième cas ci-dessus cité.

Cas pratiques

1. La Cour d'Aix a fait une application intéressante des nouveaux principes gouvernant la portée des engagements pris par la femme commerçante dans l'espèce suivante :

Une femme mariée constitue une SARL dont elle est nommée gérante salariée. Son mari est présent à l'acte de constitution « afin d'assister son épouse » et le signe avec la mention « lu et approuvé ». Quelques années plus tard, la société est déclarée en règlement judiciaire, puis en liquidation de biens étendus à la gérante, femme mariée, pour avoir confondu les biens sociaux avec ses biens propres.

Le syndic fait saisir un bien commun en invoquant le caractère commun aux époux du passif de la société. En application du nouveau droit, les premiers juges rejettent l'action du syndic, car il n'y avait eu aucune ingérence du mari dans la gestion de sa femme, à quelque titre que ce soit, et que, d'autre part, il n'avait pas fait la déclaration spéciale au registre du commerce et des sociétés. Le syndic fait appel et la Cour lui donne raison. Voici son argumentation :

La forme d'accord général qui se matérialise par la déclaration au registre du commerce et des sociétés ne vise que l'exercice d'une profession strictement commerciale. Or, la femme n'est pas commerçante, puisqu'elle n'est que la gérante salariée d'une société commerciale. La présence du mari à l'acte de constitution « qui n'était pas nécessaire » ne peut s'interpréter que comme un accord exprès donné par lui à l'ensemble des actes de gestion à accomplir par son épouse au sein de cette société. La femme n'étant pas commerçante, la mention au registre du commerce et des sociétés n'avait aucun sens. L'intervention du mari signifiait qu'il avait donné son accord à la désignation de sa femme comme gérante de la société. C'est en cette qualité, et parce qu'elle avait disposé des biens sociaux, comme s'ils étaient siens, que la femme avait été condamnée à supporter personnellement le passif social. En conséquence, la dette pouvait être recouvrée sur la communauté.

Mais l'arrêt est censuré par la Cour de cassation : en effet, le paiement d'un engagement professionnel de la femme non commerçante (et une gérante salariée de SARL n'est pas commerçante) ne peut être poursuivi sur les biens communs « que si le mari a donné son accord exprès à l'acte générateur de cet engagement ». Cela suppose un accord spécial à un acte bien déterminé et ne peut jouer dans le cas où le mari a pu donner son accord à l'exercice d'une fonction, accord de surcroît inutile, et qui est nul et sans effet. Si l'on désire que le consentement du mari ait une efficacité, il faut qu'il soit donné clairement, précisément, pour un acte déterminé.

2. Le mari est marchant de cycles et d'appareils ménagers. Sa femme est fondée de pouvoir avec procuration générale, et participe effectivement et activement au commerce. La Cour de cassation censure l'arrêt, car : « la femme mandataire de son mari ne s'oblige pas personnellement par l'exercice de son mandat et elle n'est pas réputée commerçante si elle ne fait que détailler les marchandises du commerce de son mari ».

3. Une femme mariée avant la réforme et exerçant la profession de transporteur, avait été mise en liquidation de biens, et le fisc prétendait faire supporter par son mari, en application de l'ancien droit, ses dettes fiscales pour des dettes postérieures à l'application de la loi nouvelle.

Le directeur des impôts est débouté, car la loi nouvelle doit recevoir application immédiate, et notamment l'article 213 du Code de la famille qui précise que la femme sous les régimes de communauté oblige effectivement ses biens propres et ses biens réservés, mais ne peut obliger les biens communs et les propres de son mari que si celui-ci a donné son accord ou s'est immiscé dans l'exercice de sa profession ; ce qui, en l'occurrence, n'était pas le cas. A noter que de son côté, le mari, n'engage par ses dettes professionnelles, ni les propres, ni les biens réservés de la femme.

4. Un mari exploite son commerce dans un immeuble lui appartenant en propre ; puis il en transfère l'exploitation à son épouse, qui fait de mauvaises affaires et se voit déclarée en liquidation de biens quelques années plus tard. C'est ce moment que choisit le mari pour vendre l'immeuble qui lui appartient où le fonds de sa femme est exploité. Le syndic fait opposition au paiement du prix de vente de l'immeuble entre les mains du notaire, en prétendant que le mari s'était ingéré dans l'exercice de la profession de sa femme et qu'il doit être tenu des dettes de celle-ci sur son patrimoine propre.

La Cour d'appel, approuvée par la Cour suprême, lui donne raison, car le mari a reconnu avoir partiellement continué à assumer la gestion du fonds, notamment en conservant la tenue de la comptabilité. Décision qui semble bien rigoureuse si l'on prend en considération la seule tenue d'une comptabilité, qui n'est certes pas un acte de gestion très positif et qui en lui-même ne pouvait pas laisser croire aux tiers que le mari intervenait activement dans les affaires de sa femme.

SECTION 1. RÈGLES EN CAS DE RÈGLEMENT JUDICIAIRE ET DE LIQUIDATION DES BIENS

Le législateur ne craint que le commerçant en état de règlement judiciaire ou de liquidation de biens n'organise avec son conjoint la fraude de ses créanciers. C'est pourquoi il a prévu un certain nombre de règles spéciales :

1° Jusqu'à une date récente, les immeubles achetés par la femme pendant le mariage étaient présumés et ceci sous tous les régimes avoir été acquis avec les deniers du mari commerçant.

Ils devraient, en conséquence, être réunis à son actif, sauf évidemment si la femme pouvait apporter la preuve contraire. Cette présomption très gênante n'a plus cours depuis le 1er janvier 1985, puisque l'article 542 du Code de commerce qui l'édictait a été abrogé. Il n'en reste pas moins que la masse pourra, par tous les moyens, tenter de prouver que tous les biens, quels qu'ils soient, meubles ou immeubles, acquis par l'époux du conjoint commerçant, l'ont été, en fait, avec les deniers de ce dernier et demander en conséquence que ces acquisitions soient réunies à l'actif.

La suppression de ce qu'on appelait la *présomption mucienne* est favorable à la femme, puisqu'elle renverse la charge de la preuve qui incombe désormais aux créanciers.

Mais ceux-ci ne seront pas désarmés, car leur représentant, le syndic, s'il fait correctement son métier et s'il en a le temps, devra passer au peigne fin la situation patrimoniale de la femme. Quand il relèvera des anomalies et il serait anormal, par exemple, que la femme d'un commerçant qui ne justifie d'aucun revenu possède des biens importants acquis postérieurement au mariage avec des deniers dont l'origine n'est pas connue. Il pourra, par tous les moyens, tenter de prouver que ces acquisitions ont été rendues possibles par des libéralités du mari (qu'il s'agisse d'un portefeuille en bourse, d'un immeuble, ou même simplement d'un compte en banque important). Mais, par contre, les biens propres en raison de leur mode d'acquisition à titre onéreux ou gratuit seront à l'abri des revendications du syndic ; d'où l'importance, en cas d'acquisitions et de ventes successives, de formalités d'emploi ou de remploi.

A noter que la femme du commerçant en liquidation de biens ne saurait s'opposer à la mise en vente par le syndic d'un immeuble faisant partie de la communauté sur l'actif de laquelle le paiement des dettes du mari, et l'article 214 du Code de la famille ne peut s'appliquer qu'aux aliénation consenties par le mari.

2° L'hypothèque légale de la femme ne pouvait porter, jusqu'à une date récente, que sur les immeubles possédés par le mari avant le mariage ou acquis par lui à titre gratuit.

Cette limitation a été supprimée, et chacun des époux peut désormais faire inscrire son hypothèque légale, dans les cas où la loi le permet, sur tous les immeubles de son conjoint.

3° Enfin l'époux (la femme aussi bien que le mari) dont le conjoint était commerçant au moment du mariage, ou qui l'est devenu dans l'année qui a suivi sa célébration, ne pourra exercer aucune action dans le règlement judiciaire ou la liquidation, en raison des avantages matrimoniaux qui auraient pu lui être consentis par le contrat de mariage ou ensuite pendant le mariage. Parallèlement, les créanciers ne peuvent pas, de leur côté, se prévaloir des avantages faits par l'un des époux à l'autre.

SECTION 2. LE FONDS DE COMMERCE

1. Les marchandises qui dépendent du fonds de commerce et qui en constituent un des éléments seront propres ou communs selon que le fonds sera lui-même propre ou commun. Ce principe,, récemment réaffirmé par la Cour suprême, a le grand mérite de sauvegarder l'unité du fonds de commerce, car il s'applique évidemment à la totalité du stock de marchandises, qui est régulièrement remplacé pour le tout ou en partie et dont la composition est fréquemment modifiée, et non pas seulement au stock d'origine. La vertu de ce principe est de permettre, une fois le caractère commun ou propre du fonds déterminé, de ne pas se poser de questions sur le caractère de chacun des éléments qui le composent. Ce qui ne signifie pas, évidemment, que dans les rapports des époux entre eux il n'y ait pas lieu à récompense lorsque le patrimoine de l'autre, ou le patrimoine commun, ont fourni les fonds nécessaires à l'acquisition de marchandises faisant partie d'un fonds commun

ou propre. D'où l'intérêt à se ménager dans ce cas, en temps utile, les preuves nécessaires.

2. La plus-value d'un fonds de commerce propre sera propre elle-même, quand bien même le conjoint y aurait contribué et la communauté aurait avancé les fonds nécessaires ; a même été déclaré propre le fonds acheté pendant le mariage, qui avait incorporé au fonds propre et fermé pour ne pas le concurrencer (sauf naturellement récompense à la communauté).

3. Mais il faut bien que ce soit le même fonds de commerce ; par exemple, les terrains acquis après le mariage et sur lesquels ont été aménagées des installations nécessaires au fonctionnement du fonds propre seront communs.

Il y a toujours intérêt, pour éviter toute difficulté, à insérer dans les contrats de mariage des commerçants une clause d'annexe de propres pour éviter le démembrement d'un fonds propre. En effet, nous l'avons, les nouveaux textes ont bien prévu, pour le conjoint propriétaire d'un immeuble propre, la faculté de se faire attribuer l'immeuble commun qui lui serait contigu ou qui pourrait être considéré comme son annexe. Cette faculté ne joue donc que d'immeuble propre à immeuble commun. Or le fonds de commerce est un meuble, et (sauf le cas d'un fonds propre exploité dans un immeuble propre), il semble propre à immeuble commun, non plus d'ailleurs que de meuble propre à meuble commun (ou même d'immeuble propre à meuble commun), si l'on se conforme à la lettre de la loi. Il n'est pas exclu que les tribunaux donnent une interprétation extensive du texte, mais, dans le doute, il est plus simple et plus sûr de prévoir cette éventualité dans le contrat de mariage même.

4. La communauté profite des augmentations et souffre des diminutions du fonds entre le moment de la dissolution et celui du partage ; les bénéfices seront partagés par moitié, à moins que l'époux exploitant ne puisse prouver que, par son activité personnelle et ses initiatives, il est à l'origine de l'augmentation de valeur du fonds ou des bénéfices réalisés : par exemple, il a étendu l'objet du commerce, il a crée de nouveaux rayons.

Les dispositions du Code de la famille pourront éventuellement être dans ce domaine particulièrement utile. Elles permettent nous l'avons vu à l'époux abandonné, et non responsable de la séparation de fait qu'il a subie, de demander que, dans les rapports avec son conjoint, l'effet de la dissolution soit reporté à la date où toute cohabitation et collaboration avaient effectivement cessé entre eux. On peut aisément imaginer qu'un époux abandonné (femme ou mari), pour assurer la subsistance de ses enfants, fasse prospérer et donne une plus-value considérable à un fonds de commerce commun. Il serait assurément inique que l'époux coupable puisse prétendre, après une séparation qui aura pu durer de longues années, bénéficier des efforts de son conjoint et exiger le partage par moitié de cette plus-value. Ce texte permettra de trancher la question en toute équité, puisque la valeur du fonds sera apprécié alors au jour de la séparation effective (et non pas à celui de la dissolution, qui peut intervenir très longtemps après si, pour des raisons diverses, les époux reculent devant un divorce) et que l'époux non coupable bénéficiera seul de ses efforts et de son travail.

1. La question s'est posée également de savoir, en cas de dissolution de la communauté par divorce, si l'époux qui continuait à gérer le fonds de commerce avait droit à une rémunération.

Le principe est que les biens communs forment alors une indivision dont la gestion ne donne droit à aucune rémunération, sauf convention contraire. La règle est écartée de façon formelle par la Cour suprême lorsque l'époux chargé de cette gestion y consacre tout son temps, et que celle-ci constitue l'exercice normal de sa profession. C'est bien le cas du commerçant qui continue à exploiter un fonds commun après la dissolution de la communauté ; il pourra exiger une juste rémunération de son travail (qui, à défaut d'accord, sera fixée par expert) jusqu'au jour effectif du partage.

2. Le droit au bail du local où est exploité le fonds de commerce pose des problèmes délicats lorsque, à la dissolution de la communauté le fonds est attribué à un époux alors qu'il est exploité dans un immeuble, propriété de l'autre ou de ses héritiers (qui peuvent très bien être des enfants d'un premier lit).

La question est de savoir si l'époux qui se trouvera attributaire du fonds, soit à la suite d'une adjudication, soit d'une attribution préférentielle, pourra exiger de son conjoint propriétaire de l'immeuble un bail qui n'existait pas jusqu'alors. Or, les situations ne sont pas tellement rares où un fonds est exploité dans un immeuble propre à l'un des époux, ou appartenant à ses parents (et il peut en hériter). Les époux ne se soucient pas de dresser un bail, et ils ont tort, car de graves difficultés peuvent naître en cas de divorce ou de décès. Nous leur conseillons de régler la situation comme s'ils exploitaient les fonds dans l'immeuble d'un tiers, en établissant un bail régulier ; ils peuvent même prévoir la situation dans leur contrat de mariage.

3. La dernière, très importante, est celle de la transmission du fonds au survivant. Comment est-elle possible ?

a) c'est surtout dans les régimes de communauté que la question se pose.

Mais la clause dite du *fonds de commerce* peut être prévue dans tout contrat de mariage, séparatiste ou communautaire. Elle tient son nom du fait qu'on la trouve surtout stipulée dans les contrats de mariage de commerçants, mais elle pourrait tout aussi bien viser d'autres biens comme un cabinet de dentiste ou d'avocat, présents ou à venir, à la condition qu'ils soient déterminés par le contrat de mariage (et pour les biens à venir, par leur catégorie).

Les époux peuvent insérer dans le contrat la clause dite du *fonds de commerce*, ou encore clause commerciale qui permettra au survivant de prélever le ou les fonds possédés en commun, moyennent le versement d'une indemnité à la communauté. On évitera ainsi la licitation, et le survivant sera assuré de conserver ce qui est souvent son seul moyen de subsistance. Cette clause a toujours été considérée comme valable dans le cas où elle portait sur un fonds de commerce commun.

b) mais, avant la réforme, elle ne permettait pas d'attribuer au survivant un fonds propre, car la jurisprudence considérait que, constituant alors *un pacte sur succession future*, elle devait obligatoirement être annulée. Cette rigueur excessive de la Cour de cassation était critiquée aussi bien par la doctrine que par la pratique.

Les nouveaux textes y remédient en précisant de façon expresse que cette clause pourra être utilisée aussi bien pour un fonds commun que pour un fonds propre.

Désormais en l'adoptant par contrat de mariage, les époux peuvent stipuler qu'en cas de décès de l'un deux le survivant aura la faculté d'acquérir ou de se faire attribuer dans le partage certains biens personnels du prémourant, et notamment un fonds de commerce propre.

Il serait utile de prévoir, (pour éviter les difficultés évoquées plus haut) qu'un bail devra être consenti si le fonds est exploité dans un immeuble propre. Un tribunal a pu décider que cette stipulation constituait un pacte sur succession future interdit par la loi : cette interprétation va à l'encontre de l'esprit de l'article 1390 du Code civil et de la volonté du législateur ; elle ne s'impose pas.

c) il s'agit d'une faculté, d'une simple option prévue en faveur du survivant qui ne saurait être contraint d'accepter un bien contre ses souhaits. Mais encore faut-il qu'il ne paralyse pas abusivement les opérations de partage. C'est pourquoi les héritiers du prédécédé peuvent le mettre en demeure de prendre parti, au plus tôt neuf mois après le décès de leur auteur.

Le survivant sera tenu de répondre dans le mois, en exerçant la faculté prévue au contrat par une simple notification faite aux héritiers. Cette notification intervenant dans le délai d'un mois, formera vente ou, éventuellement, constituera, une opération de partage. La mise en demeure rappellera au conjoint survivant ses droits éventuels. Il est normal qu'à l'expiration du délai d'un mois imparti par la loi et s'il n'a pas manifesté son désir d'user de ses droits, il soit présumé renonçant et que la faculté de prélèvement devienne caduque. Les opérations de liquidation du régime se poursuivent alors normalement sans qu'il soit tenu compte de cette clause du contrat. S'il y a désaccord sur la fixation de la valeur du bien prélevé (qui sera estimée au jour où le prélèvement a lieu et en fonction des stipulations du contrat de question après expertise s'il y a lieu. également mariage), les parties s'adresseront au tribunal de grande instance qui tranchera. (Voir cette question. Pour un bien commun).

Conseil au notaire. *Les clauses de prélèvement ou de conservation d'un fonds de commerce doivent être rédigées avec le plus grand soin en ce qui concerne notamment la date à laquelle il conviendra de fixer la valeur du fonds. En effet, la date à laquelle l'époux survivant exercera son option est le plus souvent assez rapprochée de celle du décès de son conjoint ; celle du partage définitif peut lui être postérieure de très nombreuses années, et il est évident que, plus la période de temps qui sépare les deux opérations est* *grande, plus les héritiers du prédécédé risquent de se trouver lésés en cette époque d'érosion monétaire.*

Les époux ont grand intérêt à prévoir avec leur notaire des dispositions très précises pour éviter tout conflit. Les juges du fond, en effet, ont toute latitude pour apprécier le contenu de ces clauses, et leur ambiguïté ne peut être qu'une source de difficultés et de procès. Rappelons que, d'après les articles 1511 et 1514 du Code civil, le prélèvement est une opération de partage. Les clauses de prélèvement incluses dans les contrats de mariage rédigés depuis la réforme de 1966 font généralement référence à ces textes, ce qui devrait rendre moins fréquente l'intervention des tribunaux.

La Cour de cassation a approuvé une décision où les juges de fonds avaient fait application de ce principe (l'exercice de l'option vaut partage), dans l'espèce suivante, où un conflit s'était élevé entre la veuve et ses enfants à propos de l'interprétation d'une clause de prélèvement dont la rédaction était antérieure à la réforme des régimes matrimoniaux.

Les époux étaient mariés sous le régime de la communauté réduite aux acquêts, de laquelle dépendait un fonds de commerce d'alimentation. Le mari décède en 1972 et la veuve opte immédiatement pour la conservation à son profit de ce fonds. En 1983, elle fait donation à l'une de ses filles de ce fonds, transformé, entretemps en commerce de bonneterie. Elle meurt peu de temps après sans qu'aucun partage ne soit intervenu. C'est alors qu'une autre de ses filles demanda la nullité de la donation. Elle soutenait que, faute de partage, le fonds de commerce était resté dans l'indivision et qu'en conséquence sa mère n'avait pas pu en faire donation.

La Cour suprême approuve les premiers juges, qui ont décidé que la veuve « était devenue seule et unique propriétaire du fonds du fait de son option, dès la dissolution de la communauté et avant tout partage ».

a) mais ces textes ne se bornent pas à prévoir l'avenir, ils valident cette clause, même si elle est contenue dans des contrats de mariage antérieurs à l'entrée en vigueur de la loi nouvelle.

Cela vise surtout les contrats passés avant 1985, car, depuis cette date où fut prononcé l'arrêt de la Cour suprême condamnant cette clause quand elle porte sur un bien propre, elle avait pratiquement disparu, les notaires la déconseillant évidemment à leurs clients. Un grand nombre de commerçants n'ont donc pas pu l'inclure dans leur contrat, malgré leur désir, en raison de la condamnation de la Cour suprême.

b) c'est pourquoi le législateur avait prévu pour eux la possibilité d'adopter cette clause par simple déclaration conjointe faite devant notaire, et dans un délai de six mois à compter de l'entrée en vigueur de la nouvelle loi.

TABLE DES MATIÈRES

Questions juridiques aux éditions L'Harmattan

Dernières parutions

CONCILIATION ET MÉDIATION PRUD'HOMALES
Collectif GEMME-France
À l'initiative du Groupement européen des magistrats pour la médiation, conseillers prud'hommes, juges départiteurs, magistrats des cours d'appel et de la Cour de cassation ainsi que syndicalistes dressent ici un état des lieux et lancent des pistes de réflexion pour améliorer la qualité et l'efficacité de l'institution prud'homale. La question de la médiation prud'homale y est abordée avec les débats qu'elle suscite.
(12.00 euros, 108 p.)
ISBN : 978-2-343-00955-1, ISBN EBOOK : 978-2-296-53756-9

INTELLIGENCE (L') TERRITORIALE, UNE NÉCESSITÉ
Fath Bernard - Préface de Gérard Marcou
L'enjeu majeur pour les années à venir serait pour les collectivités territoriales de se doter des moyens propres à imaginer leur futur. Cependant l'État retire son ingénierie des territoires et s'ouvre sur les privatisations concurrentielles... Des solutions s'imposent, l'intelligence territoriale apparaît comme une hypothèse nécessaire pour impulser un futur mis en prospective. Le monde local foisonne d'initiatives propres à donner corps à l'intelligence territoriale.
(Coll. Grale, 27.00 euros, 274 p.)
ISBN : 978-2-343-00778-6, ISBN EBOOK : 978-2-296-53772-9

MARCHÉS (LES) PUBLICS À PROCÉDURE ADAPTÉE
Entre liberté et contrainte pour les collectivités territoriales
Ravignot Béatrice
Cette étude met en évidence les limites de la liberté octroyée aux pouvoirs adjudicateurs par le Code des marchés publics, dans le cadre de la conclusion de marchés à procédure adaptée. Du lancement de la procédure jusqu'au choix de l'attributaire et ses conséquences, les collectivités territoriales restent en effet soumises à des contraintes formelles ou procédurales, qui sont souvent identiques ou proches de celles existant dans le cadre des procédures formalisées.
(Coll. Master Collectivités territoriales et politiques publiques, 16.50 euros, 162 p.)
ISBN : 978-2-343-00223-1, ISBN EBOOK : 978-2-296-53768-2

FRANCE INTERCOMMUNALE (LA)
Regards sur la loi de réforme des collectivités territoriales du 16 décembre 2010
Sous la direction de Pierre-Yves Monjal et Vincent Aubelle
Les communautés de communes, d'agglomération et urbaines et autres métropoles, ne vont-elles pas porter un coup définitif à l'organisation décentralisée de la République ? La France n'est-elle pas sur le point de changer de mode de gouvernance locale en recourant à des procédés politiques et juridiques fondés sur les notions de mutualisation, de territoire pertinent, de développement, de communautarisation ?
(Coll. Grale, 39.00 euros, 406 p.)
ISBN : 978-2-336-29370-7, ISBN EBOOK : 978-2-296-53725-5

TRAITEMENT DES RESPONSABILITÉS CIVILE ET PÉNALE
Approche comparée en droit français et iranien
Nory Yoshanloey Jafar
La distinction contemporaine n'a pu empêcher le rapprochement pratique des responsabilités civile et pénale tant en droit français qu'iranien. Il apparaît qu'à la fonction réparatrice de la

responsabilité civile peut s'additionner une fonction punitive qui s'incarnerait dans «la peine privée», et à la fonction répressive de la responsabilité pénale une fonction réparatrice appelée «restitution pénale». Ces deux modes de responsabilité doivent se rejoindre dans une cohérence juridique afin que la justice soit rendue avec une dimension sociale.
(Coll. Sciences criminelles, 35.00 euros, 348 p.)
ISBN : 978-2-336-29122-2, ISBN EBOOK : 978-2-296-53750-7

JACQUES VERGÈS – Un aristocrate de refus
Charvin Robert - Préface de Hervé de Charette
J. Vergès, avocat des causes difficiles, ne laisse personne indifférent. Il est l'ennemi de certains ayant fait son procès dans quelques mauvais livres mais l'ami des simples gens, l'encourageant à combattre encore et toujours les puissants. Sa vie est un roman, mais il n'est pas question de faire un roman de sa vie : il conserve son mystère comme tout homme dans sa complexité. Un avocat qui possède en lui des éléments de dignité, qui a dévoré sa vie avec sincérité.
(13.50 euros, 120 p.)
ISBN : 978-2-343-00533-1, ISBN EBOOK : 978-2-296-53645-6

SANG (LE) ET L'ENCRE – Et si Christian Ranucci était innocent ?
Le Meur Yann
Christian Ranucci, 22 ans, est guillotiné le 28 juillet 1976 à Marseille pour l'enlèvement et le meurtre d'une fillette de 8 ans. De la fin de l'instruction au pied de l'échafaud, où il demande à ses avocats de le réhabiliter, il a toujours clamé son innocence. S'appuyant sur des contre-enquêtes relatives à l'affaire, le dossier pénal et de longues investigations documentaires et de terrain, ce livre aboutit à des conclusions, toutes dans le sens de l'innocence de Ranucci.
(29.50 euros, 302 p.)
ISBN : 978-2-343-00604-8, ISBN EBOOK : 978-2-296-53558-9

IMMIGRÉ (L') ET LA GESTION DU PATRIMOINE
Loubassou Nganga Maixent
Cet ouvrage met à la disposition des personnes qui viennent d'arriver en France et qui ne connaissent pas l'environnement fiscal, juridique, bancaire et financier français, des outils indispensables pour une gestion optimale de leur patrimoine : choisir le meilleur régime matrimonial, organiser ou réorganiser de façon optimale leurs placements, trouver des produits de défiscalisation adaptés, choisir le meilleur placement immobilier.
(Coll. Pour Comprendre, 12.00 euros, 106 p.)
ISBN : 978-2-336-30090-0, ISBN EBOOK : 978-2-296-53639-5

ADMINISTRATION PÉNITENTIAIRE ET JUSTICE
Un siècle de rattachement
Sous la direction de Paul Mbanzoulou et François Dieu
Depuis le décret du 13 mars 1911, l'administration pénitentiaire est rattachée au ministère de la Justice. Au-delà de l'éclairage historique, qui occupe une place notable dans cet ouvrage, les contributions réunies ici examinent le positionnement actuel de l'administration pénitentiaire, ainsi que ses perspectives d'évolution à la lumière de quelques expériences étrangères.
(Coll. Criminologie, 26.00 euros, 256 p.)
ISBN : 978-2-343-00412-9, ISBN EBOOK : 978-2-296-53667-8

DÉMOCRATIE (LA) LOCALE À LA RECHERCHE D'UN NOUVEAU SOUFFLE
Marceau Anne - Préface de Gérard Marcou
Comment peuvent se concilier démocratie représentative et démocratie participative ? La multiplication des procédures de consultation ne nuit-elle pas à leur efficacité ? Quels seront les acteurs de la démocratie locale demain : les élus, les citoyens, les habitants, les usagers ? Les outils de démocratie locale mis en place ces dernières années constituent-ils un véritable renouveau ou apparaissent-ils comme le simple rhabillage de formules anciennes ?
(Coll. Grale, 32.00 euros, 308 p.)
ISBN : 978-2-343-00118-0, ISBN EBOOK : 978-2-296-53527-5

CONSEIL (LE) DES DROITS DE L'HOMME ET SES PRINCIPAUX MÉCANISMES
Bilan et perspectives d'actions pour le Burkina Faso à l'entame de son second mandat de membre
Merindol Ouoba Clarisse
Le Conseil des droits de l'homme a remplacé la Commission des Nations unies aux droits de l'homme. Cet ouvrage contribue à la dynamique de promotion et de protection de ces droits, notamment à travers les actions entreprises par cet important organe du système des Nations unies, dont le Burkina Faso est membre depuis 2008. L'auteur apporte un regard personnel sur les quatre années de présence de ce pays en son sein.
(14.50 euros, 142 p.)
ISBN : 978-2-336-29180-2, ISBN EBOOK : 978-2-296-53513-8

NOUVEAU (LE) DROIT DU PROCÈS ADMINISTRATIF
Les évolutions choisies, les évolutions subies
Sous la direction de Jacques Fialaire et Jerry Kimboo
Plus de 10 ans après l'entrée en vigueur du Code de justice administrative, l'office du juge s'est profondément transformé. Parmi les évolutions subies par le juge administratif figure l'institution du «rapporteur public», mettant en harmonie le contentieux administratif avec le principe d'égalité des armes entre les parties, développé dans la jurisprudence de la Cour EDH. Certaines innovations procédurales destinées à accélérer l'instruction des affaires semblent, quant à elles, davantage choisies.
(Coll. Logiques Juridiques, 22.00 euros, 224 p.)
ISBN : 978-2-343-00571-3, ISBN EBOOK : 978-2-296-53519-0

GOUVERNER, ADMINISTRER RÉVOLUTIONNAIREMENT : LE COMITÉ DE SALUT PUBLIC
(6 avril 1793 - 4 brumaire an IV)
Matta-Duvignau Raphaël - Préface de Vida Azimi
Le comité de salut public se présente comme la commission de la Convention nationale ayant pris en charge, du 6 avril 1793 au 4 brumaire an IV, la surveillance, le contrôle et la direction des fonctions gouvernementales et administratives tout en ayant exercé une dictature soutenue par la Terreur. Cette étude explique comment le Comité, initialement conçu comme simple instrument de la Convention, est devenu le principal sujet actif du Gouvernement révolutionnaire.
(Coll. Logiques Juridiques, 59.00 euros, 732 p.)
ISBN : 978-2-336-29065-2, ISBN EBOOK : 978-2-296-53498-8

CONCLUSION (LA) DES CONTRATS ÉLECTRONIQUES
Étude de droits africains et européens
Kabre Windpagnangde Dominique
Les contrats électroniques se distinguent des contrats formés entre parties présentes ou conclus par les moyens traditionnels de communication à distance. Ces caractéristiques donnent lieu à un mode technique particulier de conclusion des contrats, régi par des règles juridiques qui constituent ce qu'on appelle le «droit spécial des contrats électroniques». L'ouvrage montre que ce droit spécial engendre un processus de formation du contrat différent de celui du droit commun des contrats, tant en droit burkinabé et de la CEDEAO qu'en droit européen, belge et français.
(Coll. Etudes africaines, 52.00 euros, 584 p.)
ISBN : 978-2-336-29211-3, ISBN EBOOK : 978-2-296-53666-1

AGRICULTURE (L') ET LES EXIGENCES DU DÉVELOPPEMENT DURABLE
Agriculture and the requirements of a sustainable development
Die Landwirtschaft und die Anforderungen an deren nachhaltige Entwicklung
Sous la direction de Prof. Dr. Paul Richli - Délégué général au nom du Comité européen de Droit Rural
L'agriculture et les exigences du développement durable, l'affectation et la protection du territoire rural et enfin le développement du droit rural dans l'UE, dans les États et les régions et dans l'OMC : ces trois thèmes autour de l'agriculture et les exigences du développement durable

gagnent en importance, obligeant les politiques publiques à intervenir au moyen d'une série d'instruments juridiques. (Ouvrage en trois langues).
(Coll. Droit et Espace Rural, 51.00 euros, 568 p.)
ISBN : 978-2-343-00584-3, ISBN EBOOK : 978-2-296-53656-2

SÉCURITÉ : VRAIES QUESTIONS ET FAUX DÉBATS
Sous la direction de Roger Vicot
Les questions de sécurité génèrent beaucoup de passions et commentaires. Le bon sens populaire donne libre cours à ses *a priori*, préjugés, solutions toutes prêtes, clichés et autres caricatures. L'objectif de ce livre est de dépassionner le débat et d'analyser sereinement chacune des affirmations. Chercheurs, universitaires, spécialistes, élus : une vingtaine d'entre eux ont accepté de remettre les choses en perspective mais aussi de faire émerger la réalité.
(33.00 euros, 330 p.)
ISBN : 978-2-343-00363-4, ISBN EBOOK : 978-2-296-53314-1

MÉDIATION EFFICACE (LA) – Évolutions juridiques contemporaines et techniques d'influence inédites
Sous la direction de Jacques Fischer-Loukou et Peggy Larrieu
Dirigé conjointement par une juriste et un psychosociologue, voici un état des lieux rigoureux, actualisé et très accessible sur les plus récentes dispositions juridiques se rapportant à la médiation. L'ouvrage traite sans aucun tabou de la notion d'influence, pertinente en psychologie sociale, ainsi que de quelques techniques surprenantes mais efficaces, utilisées par des médiateurs professionnels.
(25.00 euros, 254 p.)
ISBN : 978-2-343-00220-0, ISBN EBOOK : 978-2-296-53421-6

PRINCIPE (LE) DE L'AUTODÉTERMINATION DES PEUPLES – Concept et application concrètes
Huet Véronique
La démocratisation de l'État est un des objectifs prioritaires de l'ONU et d'autres organisations régionales. Les pratiques démocratiques au sein des États peuvent favoriser la paix entre eux et conduire à une culture de paix démocratique, donc de la restauration de l'État de droit. On peut conclure à l'émergence de pratiques démocratiques fondées sur une certaine revalorisation de l'individu au sein de la société étatique, et même internationale, par le prisme de la protection des droits humains et du droit à la dignité.
(23.00 euros, 230 p.)
ISBN : 978-2-343-00274-3, ISBN EBOOK : 978-2-296-53256-4

INTERACTIONS DU DROIT INTERNATIONAL ET DU DROIT DE L'UNION EUROPÉENNE
Un pluralisme juridique rénové en matière de propriété industrielle
Ben Dahmen Khedija
Étudier la protection de la propriété industrielle dans l'optique des rapports de systèmes et en ciblant les interactions du droit international et du droit de l'Union européenne, présente un grand intérêt à plus d'un titre : d'une part parce que cette étude s'attache à explorer l'essence même de la globalisation. D'autre part, à travers le fonctionnement de la globalisation, les rapports de systèmes traduisent la mouvance sociale, économique, culturelle d'une ère qui induit donc un pluralisme juridique rénové.
(Coll. Logiques Juridiques, 56.00 euros, 670 p.)
ISBN : 978-2-296-99771-4, ISBN EBOOK : 978-2-296-53388-2

L'HARMATTAN ITALIA
Via Degli Artisti 15; 10124 Torino

L'HARMATTAN HONGRIE
Könyvesbolt ; Kossuth L. u. 14-16
1053 Budapest

L'HARMATTAN KINSHASA
185, avenue Nyangwe
Commune de Lingwala
Kinshasa, R.D. Congo
(00243) 998697603 ou (00243) 999229662

L'HARMATTAN CONGO
67, av. E. P. Lumumba
Bât. – Congo Pharmacie (Bib. Nat.)
BP2874 Brazzaville
harmattan.congo@yahoo.fr

L'HARMATTAN GUINÉE
Almamya Rue KA 028, en face du restaurant Le Cèdre
OKB agency BP 3470 Conakry
(00224) 60 20 85 08
harmattanguinee@yahoo.fr

L'HARMATTAN CAMEROUN
BP 11486
Face à la SNI, immeuble Don Bosco
Yaoundé
(00237) 99 76 61 66
harmattancam@yahoo.fr

L'HARMATTAN CÔTE D'IVOIRE
Résidence Karl / cité des arts
Abidjan-Cocody 03 BP 1588 Abidjan 03
(00225) 05 77 87 31
etien_nda@yahoo.fr

L'HARMATTAN MAURITANIE
Espace El Kettab du livre francophone
N° 472 avenue du Palais des Congrès
BP 316 Nouakchott
(00222) 63 25 980

L'HARMATTAN SÉNÉGAL
« Villa Rose », rue de Diourbel X G, Point E
BP 45034 Dakar FANN
(00221) 33 825 98 58 / 77 242 25 08
senharmattan@gmail.com

L'HARMATTAN BÉNIN
ISOR-BENIN
01 BP 359 COTONOU-RP
Quartier Gbèdjromèdé,
Rue Agbélenco, Lot 1247 I
Tél : 00 229 21 32 53 79
christian_dablaka123@yahoo.fr

Achevé d'imprimer par Corlet Numérique - 14110 Condé-sur-Noireau
N° d'Imprimeur : 107722 - Dépôt légal : avril 2014 - *Imprimé en France*

www.ingramcontent.com/pod-product-compliance
Lightning Source LLC
LaVergne TN
LVHW010942061026
849535LV00007B/2533